免震建物における対津波構造設計マニュアル

―津波を受ける免震建物の構造設計に当っての基本事項と設計例―

JSSI
The Japan Society of Seismic Isolation

一般社団法人日本免震構造協会

序

　東北地方太平洋沖地震（以下東日本大震災）では東北地方の太平洋岸を中心に巨大津波が発生し、人命・建造物の多大な被害が発生しました。

　被害を受けた建築物のほとんどは耐震構造の建物で、津波波力が大きい地域では転倒・崩壊や移動・流出などの被害が起こりました。一方戸建て住宅を除く免震建物での被害は、免震層への浸水に留まり、幸い流出などの被害は発生しませんでした。

　近年南海トラフ地震による巨大津波の発生が危惧されており、内閣府や地方自治体などから津波ハザードマップが公表されています。

　南海トラフ地震の津波ハザードマップに基づく津波波力と津波襲来地域に建つ既存免震建物の水平抵抗力を比較した結果、数棟の建物では免震層に被害が生じる可能性があることが判明しています（本文 3.5 節参照）。

　免震構造は免震部材により長周期化と地震入力低減が可能となり、相対的に耐震構造よりも津波波力による水平力に対して免震層・上部構造共に水平剛性が小さいものとなっています。また通常の免震支承は、大きな水平変形や引抜き力には抵抗できず、破断して流出に到る危険性があります。一般的に津波が発生する地域では地震も多発することが多く、災害時の機能性を重視する施設では、津波地域においても免震構造の採用が望まれることになります。

　本マニュアルは、耐震構造を対象とする平成 17 年 6 月 10 日付けで公表された「津波避難ビル等に係るガイドライン」（平成 29 年 7 月 5 日に廃止）の考えをベースに、津波発生地域において免震建物を建てる場合の構造設計に関する留意点をまとめたものです。理論的には巨大津波発生地域においても、建物を巨大化することなどにより免震建物の設計は可能となりますが、現実性に乏しいものとなります。そこで、巨大津波発生地域での防災施設の建設は、「津波避難ビル等に係るガイドライン」に準拠した設計とし、地震時の免震性能を損なうことなく免震部材の性能範囲内で、設計が可能な津波地域に免震建物を計画する場合を対象に本マニュアルを作成しています。

　本マニュアルでは免震部材特性を既往データに基づいていますが、将来的には津波荷重を想定した免震部材特性を反映させる必要があります。

2019 年 10 月
一般社団法人日本免震構造協会
技術委員会免震設計部会設計小委員

「免震建物における対津波構造設計マニュアル」作成担当

□技術委員会　免震設計部会　設計小委員会

委員長	藤森　智	松田平田設計
委　員	石塚　広一	構造計画研究所
〃	市川　一美	東急建設
〃	伊藤　裕一	大建設計
〃	桑　素彦	戸田建設
〃	小山　慶樹	奥村組
〃	佐藤　正浩	東京建築研究所
〃	霜田　麻由美	熊谷組
〃	竹内　章博	西松建設
〃	徳武　茂隆	三井住友建設
〃	中川　理	構建設計研究所
〃	中澤　誠	長谷工コーポレーション
〃	中島　徹	大成建設
〃	中村　淳一	佐藤総合計画
〃	古橋　剛	日本大学
〃	丸山　東	鹿島建設
〃	室　重行	清水建設
〃	吉田　実	前田建設工業
協力委員	小林　正人	明治大学

目　　次

第1章　免震建物における対津波構造設計の解説

1.1　基本方針

(1)　適用範囲・対象

　　一般的に津波が発生する地域では地震も多発することが多く、災害時の機能性を重視する施設では、津波地域においても免震構造の採用が望まれる。

　　一方免震構造は免震部材により長周期化と地震入力低減が可能となり、相対的に耐震構造よりも津波波力による水平力に対して免震層・上部構造共に弱いものとなる。また通常の免震支承は大きな水平変形や引抜き力には抵抗できず、津波波力作用時に破断して流出に到る危険性がある。

　　本マニュアルは、耐震構造を対象とする平成17年6月10日付けで公表された「津波避難ビル等に係るガイドライン」[1]（平成29年7月5日に廃止[2]されたため、以下「旧ガイドライン」という）の考えをベースに、津波発生地域において免震建物を建設する場合の構造設計に関する留意点をまとめたものである。理論的には巨大津波発生地域においても、建物を巨大化することなどにより免震建物の設計は可能となるが、現実性に乏しいものとなる。そこで、巨大津波発生地域での防災施設の建設は、旧ガイドラインに準拠した設計とし、地震時の免震性能を損なうことなく免震部材の性能範囲内で、設計が可能な津波地域に免震建物を計画する場合を対象に本マニュアルを作成している。

(2)　基本的考え方

　　上述の通り本マニュアルが対象とする免震建物は、地震に対する免震性能の確保を前提とした上で津波荷重に対して安全性を確保可能なものとする。すなわち、津波波力に対抗するために地震時免震性能を低下させる場合や上部架構の構造特性を大きく変える場合は除くものとする。そのためには、計画の初期段階での建設地条件（津波波力）と建物特性（津波抵抗力）に応じた構造方式（耐震・免震）の設定が重要となる。

　　免震構造の採用の可否については、免震層の復元力特性から設定される免震層の対津波目標性能ランクに基づき、津波荷重と免震部材の抵抗力の大小やフェールセーフ機構の設置などにより判断する。

1.2 津波荷重

　津波荷重は、平成23年（2011年）3月11日に発生した東日本大震災後にまとめられた「津波に対し構造耐力上安全な建物の設計法等に係る追加的知見について（技術的助言）」[4]における「東日本大震災における津波による建物被害を踏まえた津波避難ビル等の構造上の要件に係る暫定指針」（平成23年11月17日付国住指第2570号）[4]に準拠し設定する。

1.2.1 津波荷重算定

（1）津波波圧算定式

　構造設計用の進行方向の津波波圧は、下式により算定する。

$$q_z = \rho g(ah - z) \tag{1.2.1}$$

　　q_z：構造設計用の進行方向の津波波圧 (kN/m^2)

　　ρ：水の単位体積質量 (t/m^3)

　　g：重力加速度 (m/s^2)

　　h：設計用浸水深 (m)

　　z：当該部分の地盤面からの高さ $(0 \leqq z \leqq ah)$

　　a：水深係数 3 とする。但し、表1.2.1に掲げる要件に該当する場合は、それぞれ a の値の欄の数値とすることができる。（注：この係数は、建物等の前面でのせき上げによる津波の水位の上昇の程度を表したものではない。）

表 1.2.1　水深係数の要件と数値

	要　件	a の値
（一）	検討対象建物から津波が生じる方向に施設又は他の建物がある場合（津波を軽減する効果が見込まれる場合に限る）	2
（二）	（一）の場合で、検討対象建物の位置が海岸及び河川から500m以上離れている場合	1.5

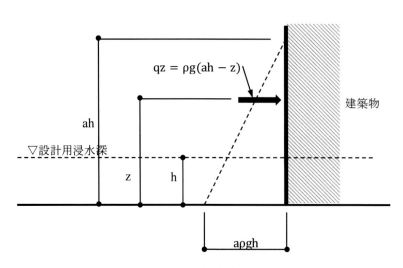

図 1.2.1　津波波圧

(2) 津波波力算定式

　構造設計用の進行方向の津波波力は、下式により算定する。

$$Qz = \rho g \int_{z1}^{z2} (ah - z)\,B\,dz \qquad (1.2.2)$$

　　　Qz：構造設計用の進行方向の津波荷重 (kN)

　　　B：当該部分の受圧面の幅 (m)

　　　z1：受圧面の最小高さ (0≦z1≦z2) (m)

　　　z2：受圧面の最高高さ (z1≦z2≦ah) (m)

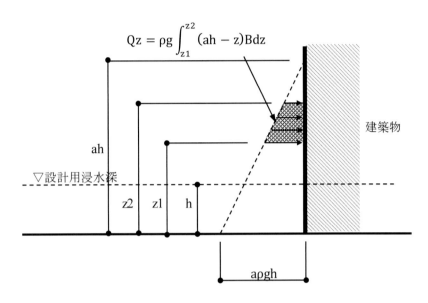

図 1.2.2　津波波力

(3) 開口による低減

　津波波力により破壊するよう設計される非耐圧部材の開口部における津波波力は、無開口として算出された津波波力の 70%を下回らない範囲で低減することができる。

(4) 開放部分の取り扱い

　ピロティその他高い開放性を有する構造の部分で、柱・梁等の耐圧部材を除き津波波圧が作用しないものとすることができる。

(5) 水平方向

　津波波力は、すべての方向から生じることを想定する。ただし、津波の進行方向が、シミュレーション等による浸水深の予測分布や海岸線の形状から想定できる場合は、この限りでない。また、実状に応じて引き波を考慮する。

(6) 浮力

　津波によって生じる浮力は、下式により算定する。

$$F = \rho g V \qquad (1.2.3)$$

　　　F：浮力 (kN)

　　　V：津波に浸かった建物の体積 (m³)

ただし、開口率を勘案して水位上昇に応じた開口部からの水の流入を考慮して算定することができる。

1.2.2 荷重の組合せ

津波荷重に対する建物の構造設計では、以下に示す荷重の組合せを考慮する。

   G+P+0.35S+T   （多雪区域）

   G+P+T   （多雪区域以外の区域）

    G：固定荷重によって生じる力

    P：積載荷重によって生じる力

    S：積雪荷重によって生じる力

    T：津波荷重によって生じる力

1.2.3 漂流物の衝突荷重

漂流物の衝突荷重は、木材やコンテナを対象とした各種算定式が提案されているものの、現状では十分に解明されていない点が多く、検証・実用例が限定的であり、定量的評価手法が確立されていない。したがって、漂流物による衝突荷重の算定にあたっては、漂流物の種類や漂流・衝突の状態など各算定式の前提条件を吟味したうえで用いることが望ましい。なお、各算定式の前提条件については、「第3章参考資料 3.4漂流物の事例と対策」で津波漂流物における衝突荷重に関する既往の研究例を紹介している。

第2章2.3「免震建物の設計例2 RC造8階建て共同住宅」においては、被衝突体（建物）側の剛性の影響を受けるFEMA2012の提案式[5]を用いて漂流物の衝突荷重の算出を行い、衝突体（漂流物）の剛性との差異における検討を行っている。

1.3 構造計画

1.3.1 計画地の条件

　東日本大震災後、津波に対する被害想定および防災対策の検討が進み、平成 24 年 8 月 29 日に内閣府より南海トラフの巨大地震よる津波高・浸水域等（第二次報告）[6]が出された。その報告を基に都道府県および各市町村において、地域の津波想定資料がウェブなどで公表されている。

　海岸沿いに免震建物を計画する場合は、まず計画地が津波被害地域内であるか、被害地域内であれば津波浸水深等の被害想定を十分調査し、免震建物の対津波構造設計条件を整理する必要ある。

図 1.3.1 南海トラフの巨大地震の想定震源断層域 [6]

	南海トラフの巨大地震		参考			
	（津波断層モデル）	（強震断層モデル）	2011年 東北地方太平洋沖地震	2004年 スマトラ島沖地震	2010年 チリ中部地震	中央防災会議(2003) 強震断層域
面積	約14万km²	約11万km²	約10万km² （約500km×約200km）	約18万km² （約1200km×約150km）	約6万km² （約400km×約140km）	約6.1万km²
モーメント マグニチュード Mw	9.1	9.0	9.0 （気象庁）	9.1(Ammon et al., 2005) [9.0（理科年表）]	8.7(Pulido et al., in press) [8.8（理科年表）]	8.7

【基本的な検討ケース】（計５ケース）

大すべり域、超大すべり域が１箇所のパターン【５ケース】

【ケース①「駿河湾〜紀伊半島沖」に
「大すべり域＋超大すべり」域を設定】

【ケース②「紀伊半島沖」に
「大すべり域＋超大すべり域」を設定】

【ケース③「紀伊半島沖〜四国沖」に
「大すべり域＋超大すべり域」を設定】

【ケース④「四国沖」に
「大すべり域＋超大すべり域」を設定】

【ケース⑤「四国沖〜九州沖」に
「大すべり域＋超大すべり域」を設定】

図 1.3.2 南海トラフ巨大地震による想定津波高、浸水域【満潮位】[6]

1.4 構造設計

1.4.1 構造安全性評価

　津波の影響を受ける地域の免震建物の設計は、地震荷重に対する構造設計に加えて津波荷重に対する建物の安全性の検討を行う必要がある。

　しかしながら津波に対する安全率を大きく取りすぎると地震に対しては免震効果が少なくなり、十分な免震建物とはならなくなるため、建物に要求される性能を適切に評価しバランスの良い設計を行うことが必要となる。

　図 1.4.1 は津波荷重と水平耐力の概念図を示している。免震建物には免震層を建物途中階に設けた中間層免震構造と基礎部分に設けた基礎免震構造があるが、本マニュアルは原則として基礎免震構造を対象とする。中間層免震構造の場合は、津波荷重により免震部材の破断等が発生した際に建物が不安定な状態となるため対象とはしていないが、想定される津波高さより高い位置に免震層を設ける場合や建物の安全性を確保する目的で、転倒防止対策等の有効なフェールセーフ機構が設けられた場合はこの限りでない。

　建築研究所がまとめた「津波避難ビルの構造設計法」[7]に示されている津波荷重に対する建物の構造設計方針として下記の3点が示されている。

・倒壊しないこと
・転倒しないこと
・滑動しないこと

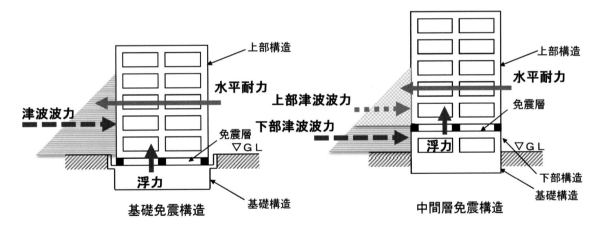

図 1.4.1 津波荷重と水平耐力の概念図

　このことから、津波の影響を受ける地域の免震建物の構造安全性は、上部構造、免震層、基礎構造の各評価対象について検討する必要があり、それぞれ次頁に示すような限界状態を考える。

（1）上部構造

　津波荷重に対して、上部構造における鉛直支持部材が鉛直支持能力を喪失することにより、人命に直接危害が及ばないようにする。また浮力による影響を受ける層においては、浮力の影響を考慮して検討する。

　上部構造の各層の安全性を確認するためには、下式を満足する必要がある。

$$Q_{ui} \geqq Q_{zi}$$

　　Q_{ui}：各評価対象の各層における水平耐力

　　　　各評価対象の各層が終局耐力に達した時点における各層の水平耐力の総和を表す。津波による浮力の影響を受ける部位については浮力の影響を考慮して算出する必要がある。

　　Q_{zi}：各評価対象の各層における津波波力

　　　　津波波力によって各評価対象の各層に生じるせん断力を示す。

（2）免震層

　津波荷重に対して、免震部材が鉛直支持能力や水平抵抗能力を喪失することにより、人命に直接危害が及ばないようにする。検討にあたっては、免震クリアランスが不足することによる限界状態や擁壁との接触等による限界状態も考慮する。

・積層ゴム等の支承材は津波荷重に対して、破断や座屈により鉛直支持能力や水平抵抗能力を喪失することにより、人命に直接危害が及ばないようにする。また浮力による影響を受ける部材は、浮力の影響を考慮して検討する。

・ダンパー等の減衰材は津波荷重に対して、水平抵抗能力を喪失することにより、人命に直接危害が及ばないようにする。

　免震層の安全性を確認するためには、下式を満足する必要がある。

$$Q_u \geqq Q_z$$

　　Q_u：免震層の免震クリアランスや免震部材の限界ひずみ等を考慮した状態における水平耐力の総和を表す。

　　Q_z：構造設計用の進行方向の津波波力

（3）基礎構造

　津波荷重に対して、基礎構造における鉛直支持部材が鉛直支持能力を喪失することにより、人命に直接危害が及ばないようにする。また浮力による転倒が発生しないようにする。

　津波荷重に対する免震建物は、上記（1）～（3）に示す各評価対象において、図 1.4.2 免震建物の対津波検討フローに基づく検討を行い、安全性を確認する必要がある。

　なお、上部構造と基礎構造については、耐震構造と同様の考え方であるが、基礎構造では免震層における浸水の有無により浮力に対する検討が必要となる場合がある。

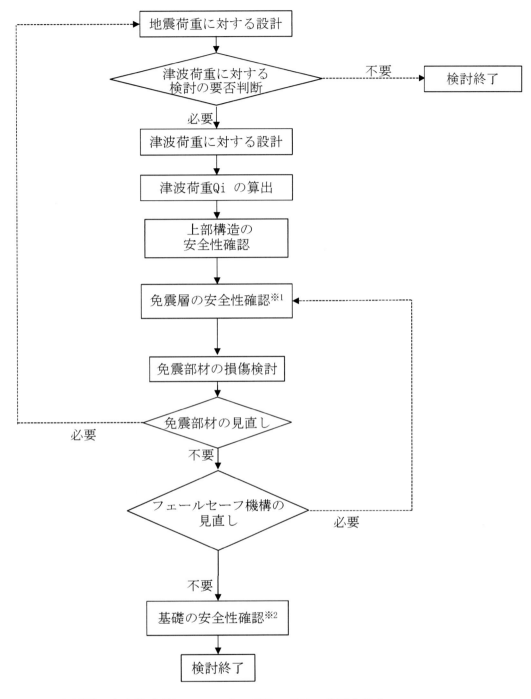

※1：免震層の安全性確認については、下記の項目の検討を行う。

　　①津波荷重時の免震層の復元力特性の確認

　　②浮力に対する安全性の確認

　　③フェールセーフ機構の必要性の判断および設計

　　（フェールセーフ機構は、大地震時の応答変位を超える範囲で効くものとする）

※2：免震層における浸水の有無による浮力に対する検討

図 1.4.2　免震建物の対津波検討フロー

1.4.2 上部構造の設計

　上部構造の水平耐力は、各層の構成部材が終局耐力に達した時の層せん断力として算出する。水平耐力の算出に当たっては、節点振分け法等により算出される各フレームの保有水平耐力の総和として求めることができる。これに代わる方法として地震荷重に対する設計で荷重増分解析を行っている場合は、最大層間変形角 1/50～1/100 程度となった時点の保有水平耐力を上部構造の水平耐力として用いることができる。

　ただし、津波による浮力の影響を受ける層においては、浮力の影響による軸方向力の減少等を考慮した状態で水平耐力を算出する必要がある。

1.4.3 免震層の設計

（1）津波に対する免震層の設計の基本的考え

　津波の大きさにより免震層に及ぼす影響には差があるが、津波高さが数mに及ぶ場合には地震時に生じる水平変位よりも大きな変位が生じ、建物の限界性能は免震層で決まる可能性が高い。津波に対する免震層の設計は、大きな変位に追従できる大径積層ゴムの採用や津波に対する抵抗力が高い履歴ダンパーの採用などが有効と考えられる。

　しかし、津波への対応により地震時の性能を大きく低下するような免震層の設計にならないように影響のバランスを設計者が判断し、設計方針を定める必要がある。

（2）津波荷重に対する免震層の安全性確認

　本マニュアルでは、図 1.4.3a に示す免震層の復元力特性と津波荷重の対応関係から免震建物の構造安全性を評価する既往の構造安全性評価基準案 [8] を参考に津波後の免震層の対津波目標性能ランクに応じた設定を行い、免震層が津波で浸水した場合は点検により損傷度合を確認することとしている。

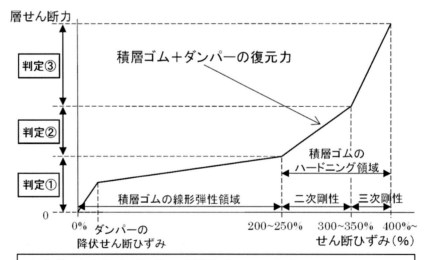

図 1.4.3a　　津波荷重に対する構造安全性評価基準案 [8]（参考）

ランクⅠは、免震層の変位が過大とならず免震部材が損傷しないで津波後に免震層の継続使用ができることを目標とする。

　ランクⅡは、免震部材が損傷する可能性があり、津波後の点検により交換が必要と判断される場合は免震部材を取替えて免震層の再使用ができることを目標とする。

　ランクⅢは、免震部材が破断する可能性があり、対津波フェールセーフ機構を設けるなど建物の倒壊や崩壊および流出防止を目標とする。

表 1.4.1 免震層の対津波目標性能ランク（積層ゴムの場合）

ランク	免震層の目標	積層ゴムの状態
Ⅰ	免震部材の取替えなしで免震層を継続使用が可能	水平：地震用設計限界ひずみ以内とする 鉛直：引張限界ひずみ以内、引張限界応力度以内
Ⅱ	免震部材を点検結果により取替えの有無を判断し免震層を再使用が可能	水平：損傷する可能性がある 　　　（ハードニングは許容し、破断は許容しない） 鉛直：引張限界ひずみ以内、引張限界応力度以内
Ⅲ	建物の転倒・崩壊・流出防止	水平、鉛直とも破断する可能性がある

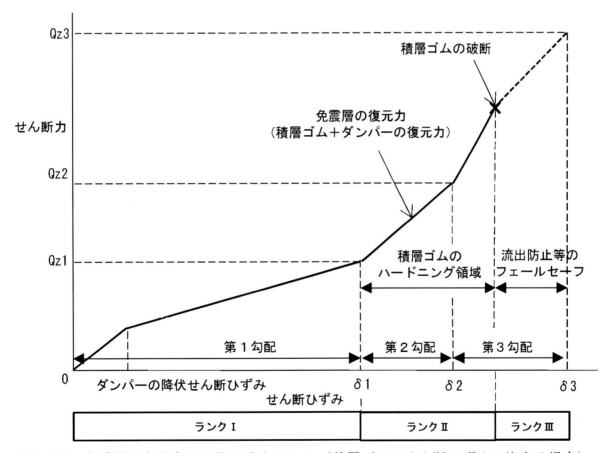

図 1.4.3.b 免震層の水平方向の復元力とランク（積層ゴムのせん断ひずみで決まる場合）

1-11

免震層の水平耐力は、免震部材（積層ゴムおよびダンパー）が終局状態に達した時の層せん断力として算出する。すなわち積層ゴムが終局限界ひずみに達した時点や作用する引抜力が破断耐力になった時点もしくは躯体と擁壁等との免震クリアランスがなくなった時点をもって免震層の水平耐力とする。

　積層ゴムやダンパーの水平耐力は材料のハードニングを考慮して算出してよいが、津波による浮力の影響を受け水平耐力が減少する部材（すべり支承等）や水平抵抗力を期待できない部材は水平耐力に加算しない。流体系ダンパー等で長時間にわたり水平抵抗力を負担できない部材も別途検討が必要となる。

　なお、擁壁に建物が接触することが想定される場合には擁壁による水平反力が期待できる可能性があることから、擁壁とのクリアランスに対し免震部材が変形追従可能であることが望ましい。

　また、対津波目標性能は、水平方向のみでなく鉛直方向も状態の確認し、使用性や継続性を加味して総合的に判断することが必要となる。

（3）引抜き・転倒に対する安全性確認
　津波による水平力および浮力の影響により、引抜き・転倒が生じるかの確認が必要である。基礎免震建物では擁壁衝突後に引抜き・転倒により建物限界性能が決まる場合が考えられる。

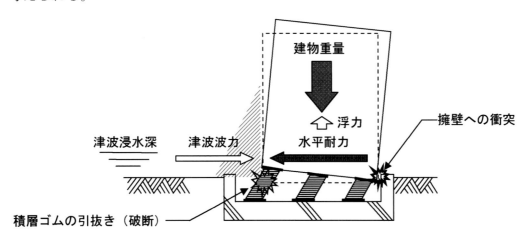

図 1.4.4 津波荷重作用時における状態の例

（4）接合部・取付け躯体の設計
　津波を受けた場合は、地震時よりも大きな応力が生じる可能性があるため、免震部材の接合部・取付け躯体が先行して損傷することがないように、健全な設計を行う必要がある。

　接合部・取付け躯体の設計については、「免震部材の接合部・取付け躯体の設計指針：一般社団法人日本免震構造協会」を参照する。

（5）対津波フェールセーフ機構の考え方
　津波に対してフェールセーフ機構を設けることは、免震性能の維持、損傷防止、建物の流出防止、漂流物の衝突に有効な手段であるが、原則として、対津波フェールセーフ

機構は地震時の剛性に付加させない機構とする。

　ただし、津波に対しても付加することを目的として免震材料の大臣認定を受けた部材を対津波フェールセーフ機構（一定の変位が生じてから剛性をもつ積層ゴムなど）として使用した場合は、組合せによる影響を考慮した地震の検討も行うことは可能である。

・水平方向のフェールセーフ機構

　積層ゴムの変形追従能力が低い場合や、擁壁反力が期待できない場合（擁壁が軽微な場合）には、水平変位を拘束するフェールセーフ機構を設置することで、建物の流出を防止することが考えられる。

・鉛直方向のフェールセーフ機構

　津波時の浮力による引抜き力や建物が擁壁への衝突した後に擁壁が支点になり転倒が生じる挙動などを抑制する対策として、鉛直方向の浮き上がり防止のフェールセーフ機構を設置することで、津波による建物の流出や転倒防止が考えられる。

・漂流物に対するフェールセーフ機構

　漂流物の衝突に対する対応は、原則としてフェールセーフ機構（例えば漂流物対策施設と呼ばれる）を別途設けることにより建物に漂流物が直接衝突しないようにする。

　例えば、漂流物対策施設としては図 1.4.5 に示すような形式[9]があるが、建物または敷地の外周に設置するものが一般的である。検討に当っては、対象とする漂流物を捕捉して建物への衝突を防ぐために、適切な形式を選択する必要がある。

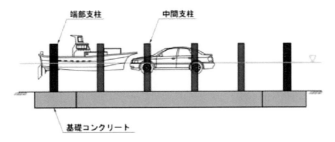

杭タイプ（支柱のみ）：支柱のみで漂流物を補足

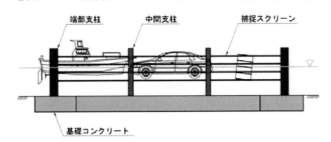

ガードケーブルタイプ（支柱＋ロープ）：支柱とロープにより漂流物を補足

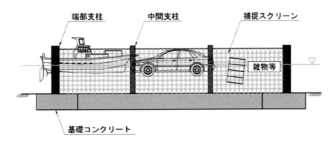

フェンスタイプ（支柱＋フェンス）：支柱とフェンスにより漂流物を補足

図 1.4.5 漂流物対策施設の例[9]

一方で、これらの漂流物対策施設を設けない場合は、適切な衝突力を設定して漂流物の衝突により建物全体が倒壊しないことを確認する必要がある。

・既存建物の対津波フェールセーフ機構
　既存建物に津波に対するフェールセーフ機構を新たに設ける場合は、フェールセーフ機構が耐震性能に与える影響を確認し、既存建物の耐震性能を損ねないように配慮する。また、施工機材、資材の搬出入時の重量や寸法を確認し、施工動線等に配慮した施工計画を検討して、必要に応じて既存躯体を補強する必要がある。既存躯体への設置時には、設備配管、配線類の移設や盛り替え、施工中の建物使用の有無等も考慮し、消防設備への影響や施工中の安全を確保する必要がある。

1.4.4 擁壁および基礎の設計
　津波により免震建物が擁壁に衝突した場合、擁壁が所定耐力を有していれば建物の水平移動のストッパーとなる。建物の流出を防止するために擁壁を考慮する場合には、長期や地震時の土圧抵抗のみならず、津波に対する影響を視野に入れた擁壁の設計が必要となる。
　基礎構造については、上部構造や免震層が津波に対してある程度の性能を保持した場合に、杭体の引き抜けや損傷により、基礎で建物の限界性能が決まらぬように配慮する必要がある。

1.4.5 非構造物の設計
　免震建物では、防災拠点などで計画されている建物が多く存在する。その場合、津波を受けた際に躯体として損傷を許容できたとしても、建物として継続利用が可能な計画としているかを視野に入れる必要がある。
　特に重要となる室等は想定津波高さより高い階に配置することが望ましいが、想定津波高さより低い階に配置せざるえない場合の非構造部材は耐圧部材とし、確実に構造躯体に力を伝達できるようにするとともに止水にも配慮する必要がある。
　自家発電機などの業務継続へ必要となる設備機器類は屋上へ配置するなどとして、地震時よりも津波時の方が免震層の変位が大きくなる可能性を考慮して、対津波目標性能ランクに応じた配管類のルートや余長なども設計で配慮することが望ましい。

1.4.6 その他の配慮事項
（1）維持管理
　維持管理については「免震建物の維持管理基準：一般社団法人日本免震構造協会」における応急点検および詳細点検に準拠することを基本とする。
　津波被災直後の免震層では、水没状態の回復（ポンプによる排水など）を行い、その後、砂や泥などの沈殿物の処理、免震部材各部の洗浄等を行い、各部の点検を行う。
　積層ゴムや鋼製ダンパーなどは、津波被災後に洗浄を行うが、鋼材部の発錆状態の経過に気を配り、通常点検（外観検査）を行う。
　オイルダンパーは、水没時に変位を生じなければ内部への水の浸入が生じないとの報告

もあるが、メーカーの工場で分解点検することを推奨する。

　直動転がり支承は、短時間の水没ではブロック内部への水の侵入する可能性は少ないとしているが、リニアレール転走溝のグリース状況の目視確認、グリースの遊離や異物が混入している場合には古いグリースの除去洗浄後にグリース再充填を行う。特にリニアレール転走溝の錆の有無を確認する。

（2）性能確認

　水没や大変形により性能に影響が生じる免震部材については性能確認を行うことが望ましい。

　津波の影響により積層ゴムに過度の応力が生じた場合では、積層ゴムの限界性能が低下していることも推測される。しかしながら、点検による外観検査等では積層ゴム内部の状況まで把握ができない可能性が高い。この様な場合には、免震部材の性能確認を行うか、部材の交換も視野に入れた対策が必要である。

　その他、直動転がり支承で異物混入や錆が著しく現地での復帰が困難な場合や、オイルダンパーに水の浸入が懸念される場合などでは、メーカーの工場で分解点検後、性能確認を行うなどの措置が必要である。

参考文献

1）内閣府：津波避難ビル等に係るガイドライン
2）内閣府：津波避難ビル等を活用した津波防災対策の推進について（技術的助言）
3）国土交通省住宅局：津波に対し構造耐力上安全な建築物の設計法等に係る追加的知見について（技術的助言）
4）国土交通省住宅局：東日本大震災における津波による建築物被害を踏まえた津波避難ビル等の構造上の要件に係る暫定指針（平成23年11月17日付国住指第2570号）
5）FEMA：Guidelines for Design of Structures for Vertical Evacuation, FEMA P646, 2012
6）内閣府：南海トラフの巨大地震よる津波高・浸水域等（第二次報告）
7）独立行政法人建築研究所：津波避難ビルの構造設計法　BRI-H23講演会テキスト
8）小林正人，服部龍太郎，藤森智：津波荷重に対する免震建物の構造安全性評価基準の提案，日本建築学会技術報告集，第23巻，第53号，pp.71～76，2017.2
9）財団法人沿岸技術研究センター：津波漂流物対策施設設計ガイドライン

第2章　免震建物における対津波構造設計の事例

2.1　免震建物の対津波設計例と設計クライテリア

　本章は第1章で述べた対津波設計の考え方を適用した3つのモデル建物を基にした設計例を示す。各設計例は、免震層の対津波目標性能ランクⅡを意図した設計例としている。

　なお、各設計例において建物全体の状態としては、それぞれ津波被災後において、設計例1および2は再使用を意図した事例としており、設計例3は流出防止を目的とした事例としている。

　設計例1は、津波被災後も建物の再使用を意図したランクⅡの設計例である。通常の地震荷重で設計した免震部材で津波荷重も対応している事例であり、津波荷重に対する免震部材の再設計は行っていない。

　なお、フェールセーフ機構は不要な事例であるが、津波に対する付加的な流出防止対策としてフェールセーフ機構を設けた検討も行っている。

　設計例2は、津波被災後も建物の再使用を可能としたランクⅡの設計例である。この設計例も免震部材は、通常の地震荷重で設計した部材を用いており、津波荷重に対する免震部材の再設計は行っていない。

　なお、この事例では免震層に作用する津波荷重が大きいことから過大な水平変形が生ずるため、津波対策として水平用フェールセーフ機構を設けている。また、本設計例では、漂流物の衝突による影響の検討も行っている。

　設計例3は、津波被災時に建物の流出防止を目的とした設計例である。津波荷重時には上部構造、下部構造について倒壊崩壊しないレベルまで許容している。ただし、免震層については津波による免震層の水平変位および引抜力による鉛直変位を抑制するために、水平抵抗と引抜き抵抗を兼用したフェールセーフ機構を設けている。そのため、免震層の対津波目標性能はランクⅡの性能を有している。

　なお、免震層の対津波目標性能をランクⅡとした理由は、津波荷重により免震部材に過大な引抜力が発生し、建物が転倒することを防止するためである。

　各設計例は、表2.1.1に示すクライテリアを条件として設計した場合の事例である。
　表2.1.1に各設計例の設計クライテリアを示す。

表 2.1.1　設計例と設計クライテリア

設計例		設計例 1 RC 造 3 階事務センター	設計例 2 RC 造 8 階共同住宅	設計例 3 S 造 10 階事務所
フェールセーフ機構		なし	水平用	水平用＋鉛直用
浸水深、水深係数		h=3.5m、a=2	h=5.0m 、a=3	h=6.0m 、a=3
上部構造	状態	短期許容応力度以内	部材が弾性限耐力[※1] 以内	保有水平耐力[※2] 以内
免震層 免震部材	対津波 目標性能	ランクⅡ	ランクⅡ	ランクⅡ
	せん断 ひずみ	復元力特性第 2 勾配以内	復元力特性第 2 勾配以内	復元力特性第 2 勾配以内
	圧縮面圧	圧縮限界面圧×0.9 以内	圧縮限界面圧×0.9 以内	圧縮限界面圧×0.9 以内
	引張面圧	-1N/mm² 以内	-1N/mm² 以内	限界ひずみ 40％以内 （面圧-1.5N/mm² 以内）
免震部材 取付け躯体	応力	短期許容応力度以内	短期許容応力度以内	短期許容応力度以内
免震部材 接合部	応力	短期許容応力度以内	短期許容応力度以内 （ただし、フランジプレートは弾性限耐力以内）	短期許容応力度以内 （ただし、フランジプレートは弾性限耐力以内）
基礎構造	応力	短期許容応力度以内	短期許容応力度以内	終局耐力以内[※3]
	支持力	短期許容支持力以内	短期許容支持力以内	極限支持力以内 引張降伏は許容 （転倒はしない）

※1：部材にヒンジが発生しない状態。

※2：津波波力の外力分布に対して層間変形角が 1/50 となる時点の水平耐力。津波波力の外力分布による荷重増分解析により検討する。

※3：杭基礎の終局耐力は、曲げ：2 点ヒンジなし、せん断：終局せん断耐力以内とする。

2.2 免震建物の設計例 1　RC 造 3 階建て事務センター
【免震層の対津波フェールセーフ機構が不要な事例】

　　検討建物は、RC 造 3 階建て、低層の事務センターの基礎免震建物である。本建物は、津波被災後も免震建物としての再使用を目的とした、津波波力に対して免震層の復元力特性が第 2 勾配に留まる事例である。津波波力は、設計用浸水深が h=3.5m、水深係数 a=2 である。本建物は地震に対して通常の免震性能を確保しており、地震時には上部構造、基礎構造とも短期許容応力度以内であることを確認している。本設計例では、免震部材は標準状態として一連の検討を行う。なお、津波被災時の終局状態となる流出に対する防止については、フェールセーフ機構による対応とする。

2.2.1　検討建物概要

(1) 建物諸元
・用途、規模：事務センター、地上 3 階、地下無し、塔屋 1 階
・建物高さ：17.49m
・構造種別：鉄筋コンクリート造（基礎免震構造）、両方向とも耐震壁付きラーメン構造
・免震部材：鉛プラグ入り積層ゴム
・基礎：場所打ちコンクリート杭

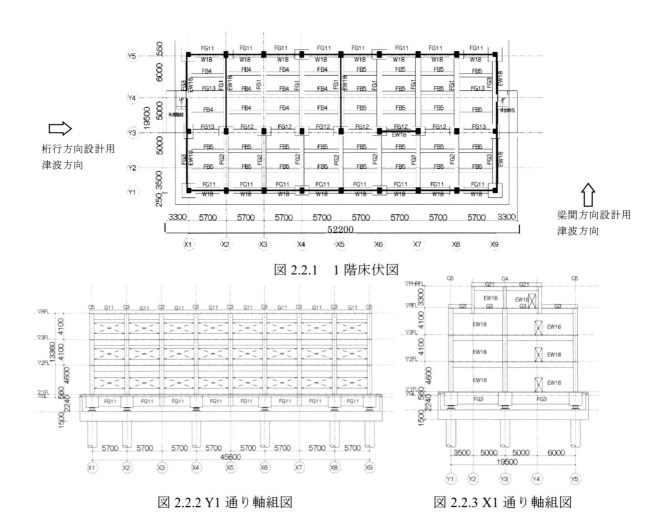

図 2.2.1　1 階床伏図

図 2.2.2 Y1 通り軸組図　　　　　図 2.2.3 X1 通り軸組図

(2) 免震層

　免震部材は鉛プラグ入り積層ゴムとし、地震時に通常の免震性能を確保するため、以下の条件に基づいて設計している。

・ダンパーの降伏せん断力係数：αy=3.6%
・免震周期：Tf=3.56s
・等価減衰定数：heq=25%（γ=100%時）
・免震クリアランス：水平クリアランス 600mm、鉛直クリアランス 50mm

表 2.2.1　免震部材リスト（せん断弾性率 0.385N/mm²）

種類	外径 mm	鉛径 mm	ゴム総厚 mm	S2	数量
LRB700	700	130	167	4.2	14
LRB750	750	140	165	4.55	5
LRB800	800	150	168	4.75	2

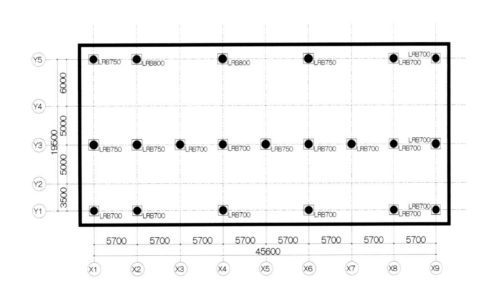

図 2.2.4　免震部材配置図

(3) 地盤および基礎

・地盤は第 2 種地盤であり、液状化の影響はない。
・基礎梁は厚さ 1,500mm の耐圧盤形式であり、免震部材直下に場所打ちコンクリート杭を配置している。基礎底レベルは GL-3.74m である。
・支持層は GL-25m 以深の N 値 60 以上の砂質固結シルト層である。

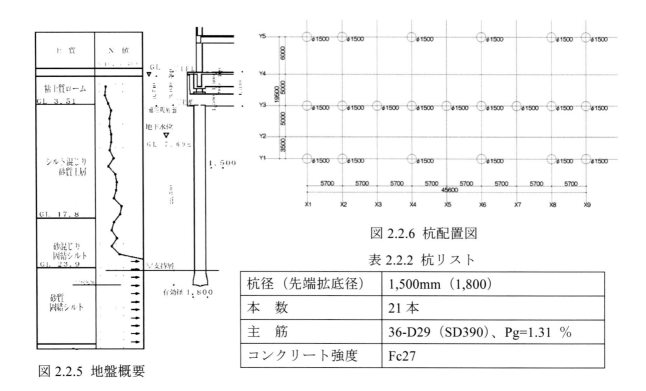

図 2.2.6 杭配置図

表 2.2.2 杭リスト

杭径（先端拡底径）	1,500mm（1,800）
本　数	21 本
主　筋	36-D29（SD390）、Pg=1.31 ％
コンクリート強度	Fc27

図 2.2.5 地盤概要

2.2.2 耐震設計概要

　JSSI 性能評価用入力地震動 [1)]（レベル 2 の第 2 種地盤の 5 波　2b-1_4〜2b-5_4）を使用し、時刻歴応答解析による検証を行う。地震時において上部構造および基礎構造とも短期許容応力度以内であることを確認する。

(1) 上部構造

・上部構造の地震荷重（以降、地震設計用せん断力）は、応答解析結果に基づき設定する。

・1 階の層せん断力係数は Cb=0.15 とし、高さ方向の外力分布形は応答結果を包絡する直線形として、最上階で 0.2 とする。

(2) 免震層

・積層ゴムの面圧の検討では、上下動±0.3G を考慮し、以下のクライテリア内であることを確認する。

　免震層のクライテリア（地震）

> ・水平変位 320mm 以内（せん断ひずみ 200％以内）
> ・引張面圧-1N/mm² 以内
> ・基準面圧の 2 倍以内

(3) 基礎構造

・杭に地盤抵抗を考慮し、有限長杭の応力変形を線形弾性地盤反力法により算定する。

・杭の設計曲げ、せん断力は、杭頭固定として評価する。

・地震時の基礎の設計震度は K=0.2 とし、根入れ深さの低減効果は無視する。

2.2.3 対津波設計概要

　津波検討は本マニュアルの「免震建物の対津波検討フロー」に基づいて行う。

　地震荷重に対して通常の免震性能を有する建物について、津波荷重時においても構造安全性が確保されていることを確認する。津波荷重時についても免震部材からの P-δ、Q-h による付加曲げ応力を考慮する。なお、浮力については、設定した浸水状況に応じた値を考慮する。

(1) 上部構造

・「津波避難ビル等の構造上の要件の解説[2]」に基づき、津波波力を算定する。なお、建設地の津波予測データより、設計用浸水深は h=3.5m、水深係数 a=2 とする。

(2) 免震層

・津波被災後も建物としての再使用を目的とし、対津波目標性能ランクⅡを意図した以下のクライテリア以内であることを確認する。なお、積層ゴムの面圧の検討では浮力を考慮する。

・免震層の荷重変形曲線は、積層ゴムのハードニングを考慮し、γ=250％～350％までを初期剛性の 2 倍、γ=350％以上を初期剛性の 7 倍として算定する。この荷重変形曲線は、「免震構造設計指針[3]」を参考に設定している。

　免震層のクライテリア（津波）

・復元力特性が第 2 勾配以内（水平変位 560mm 以内、せん断ひずみ 350％以内） ・引張面圧-1N/mm² 以内 ・圧縮限界面圧×0.9 以内

(3) 基礎構造

・基礎構造の検討部材は、杭、耐圧盤、擁壁とする。

・免震建物であり、津波後も基礎構造に損傷のないこと（短期許容応力度以内）を確認する。

・浮力は、免震層に水の流入を考慮しない設計用浸水深～耐圧盤底面位置（GL-3.74m）までを考慮する。

・転倒の検討として、杭の軸力検討を行う。軸力算定には、津波波力の転倒モーメントによる変動軸力および、免震部材の付加曲げ（P-δ、Q-h）を考慮する。

・本検討では周辺地盤の洗掘は考慮しない。なお洗掘が想定される場合は、洗掘により擁壁の受圧面積の波圧が増大するため、擁壁および杭の検討を行う。

・耐圧盤については、通常の耐震設計と同様、杭頭、免震部材の付加曲げを考慮する他、津波荷重時の浮力を考慮する。

2.2.4 津波による外力の算定

(1) 津波波力

・津波波力は「津波避難ビル等の構造上の要件の解説[2)]」に基づいて算定する。

・設計用浸水深は h=3.5m、水深係数 a=2 であるため、津波波圧算定用高さは ah=2×3.5m=7m である。

・津波波力算出時の開口低減係数は考慮しない。

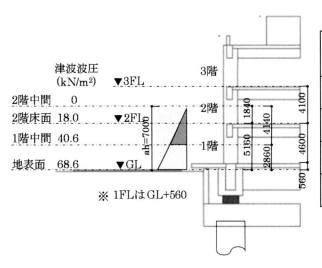

図 2.2.7 津波波力の算定

表 2.2.3 津波波力(kN)

階	桁行き方向(X方向) 建物幅 20.3m	梁間方向(Y方向) 建物幅 52.2m
(2階柱脚)	(337)	(866)
1階	1,705	4,384
(1階柱脚)	(4,874)	(12,533)
免震層	4,874	12,533

※ ()は柱脚に作用する津波波力を示す。
建物幅は、外部階段を含む。

(2) 浮力

浮力については、以下の条件で算定する。

・免震層の水の流入を考慮しない場合（図 2.2.8 a）、免震層の体積も浮力に算入する。免震部材および基礎の検討に用いる。

・免震層の水の流入を考慮した場合（図 2.2.8 b）、上部構造の躯体分の体積を浮力とする。免震部材の検討に用いる。なお、今回の検討では 1 階床下の空気溜まりによる浮力は無視した。

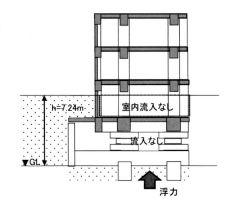 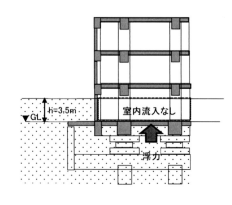

a) 免震層の水の流入を考慮しない場合　　b) 免震層の水の流入を考慮した場合

図 2.2.8 浮力の算定

2.2.5 上部構造の検討

　津波波力と地震設計用せん断力との比較を示す。上部構造については、桁行および梁間の両方向とも、津波波力の値が地震設計用せん断力以内であるため検討を省略した。一方、免震層については、梁間方向にて津波波力が地震設計用せん断力の値を上回っているため、免震部材の検討を行った。なお、水圧を受ける柱部材については、別途検討を行い短期許容応力度以内であることを確認した。

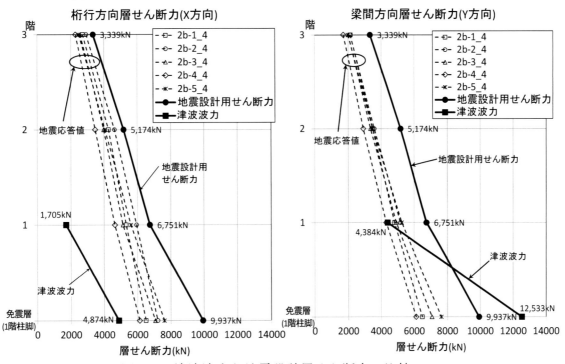

図 2.2.9　津波波力と地震設計用せん断力の比較

2.2.6 免震層の検討

(1) 免震層の荷重変形曲線

　津波波力が地震力を上回っている梁間方向の免震層の荷重変形曲線を示す。

　荷重変形曲線は、積層ゴムのハードニングを考慮し、γ=250%～350%までを初期剛性の2倍、γ=350%以上を初期剛性の7倍として算定している[3]。津波波力に対して免震層の復元力特性は第2勾配に留まり、変形は445mm(γ=278%)となった。

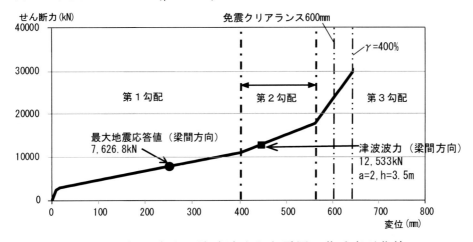

図 2.2.10　梁間方向の津波波力と免震層の荷重変形曲線

(2) 免震部材の面圧

　津波荷重時および地震時における、最小径700φと最大径800φの積層ゴムの限界曲線を示す。なお津波荷重時については、浮力を考慮した場合と、考慮しない場合について、最も応力状態が厳しい積層ゴムについて示している。

　積層ゴムは津波荷重時においても圧縮限界強度以内であり、引抜力も生じていないことを確認した。また免震部材の接合部も短期許容応力度以内であることを確認した。

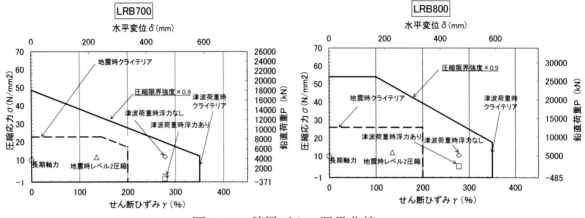

図 2.2.11　積層ゴムの限界曲線

2.2.7 基礎構造の検討

(1) 基礎構造に対する津波波力

　杭頭位置の津波波力と地震時の荷重比較（層せん断力、転倒モーメントOTM）を示す。

　杭頭位置で、層せん断力、転倒モーメント共に、地震荷重が大きくなる結果となった。

表 2.2.4　津波波力と地震時の荷重比較（杭頭位置）

	設計せん断力時（地震荷重時）		津波波力	
	層せん断力 (kN)	転倒モーメント ト（kN・m）	層せん断力 (kN)	転倒モーメント（kN・m）
桁行方向 (X方向加力)	19,025	88,236	4,874　（0.26）	29,585　（0.33）
梁間方向 (Y方向加力)			12,533　（0.65）	76,075　（0.86）

（　）内は地震荷重との比率を示す

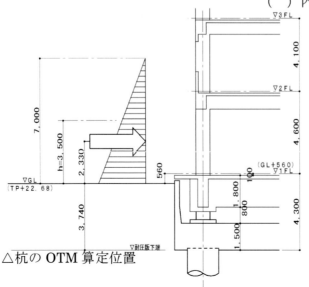

図 2.2.12　杭位置の津波波力の算定

(2) 転倒

　津波荷重時の杭頭軸力を表 2.2.5 に示す。軸力算定には、浮力、免震部材の付加曲げ（P-δ、Q-h）を考慮する。地震時に比べ浮力の影響により杭頭軸力が小さくなったため、梁間方向では最小杭軸力が引張軸力となった。検討の結果、圧縮側および引張側についても短期許容支持力以内であり、転倒しないことを確認した。

表 2.2.5　杭頭軸力と短期許容支持力

杭径	地震時（kN）	津波荷重時（kN）		短期許容支持力	余裕度
最大杭軸力	8,537	梁間	3,783（0.44）	12,340 （短期許容支持力）	3.1
	7,994	桁行	3,930（0.49）		
最小杭軸力	959	梁間	-558（　—　）	-2,600 （短期許容引張抵抗力）	4.6
	1,773	桁行	436（0.25）		

(3) 滑動

　図 2.2.13 に杭の曲げモーメント分布図を示す。杭の応力算定は、杭頭固定とした、線形弾性地盤反力法により算定した。図 2.2.14 に杭の短期曲げ相関曲線図に最大曲げモーメント（最大軸力、最小軸力時）をプロットした。表 2.2.6 に杭応力と杭の短期許容耐力を示す。杭体は津波波力に対し、短期許容応力度以内であり滑動しないことを確認した。

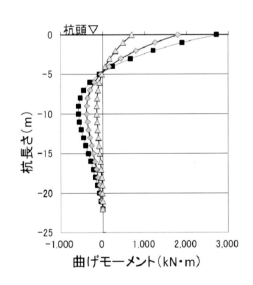

図 2.2.13　曲げモーメント分布　　　　図 2.2.14　杭の M-N 相関曲線

表 2.2.6　杭応力（曲げモーメント、せん断力）と短期許容耐力の比較

杭最大応力	地震時	津波時	短期許容耐力 （最小軸力時）	余裕度
最大曲げモーメント （kN/m）	2,723	1,794 （0.65）	2,858	1.6
せん断力 Q （kN）	900	600 （0.66）	1,360	2.3

（　）内は地震時との比率を示す

2.2.8 水圧を受ける柱部材の検討

　津波波圧により生ずる設計応力に対し、短期許容応力度以内であることを確認する。検討する部位は1階外周柱とする。柱負担幅内にはガラス窓があるが、安全側に柱負担幅分の水圧を受けるものとして検討を行う。

　断面検討荷重組合せは以下とする。

　　　長期応力　＋　津波せん断力時の架構応力　＋　津波波圧による個材応力

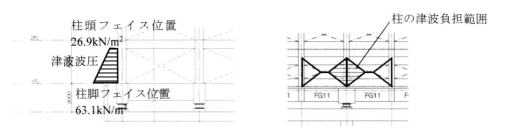

図 2.2.15 波圧の算定および波圧応力図

表 2.2.7 設計応力

	梁間方向			桁行方向		
	曲げモーメント (kN.m)	軸力 (kN)	せん断力 (kN)	曲げモーメント (kN.m)	軸力 (kN)	せん断力 (kN)
① 長期荷重時	192	2,137	66	84	3,038	49
② 津波せん断力 架構応力	63	-18	28	33	-29	15
③ 津波波圧による個材応力	119	0	154	119	0	154
設計用応力 ①＋②＋③	374	2,119	248	236	3,009	218

□断面算定

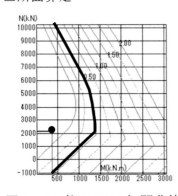

図 2.2.16 柱の M-N 相関曲線（梁間方向）

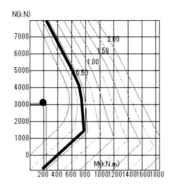

図 2.2.17 柱の M-N 相関曲線（桁行方向）

・せん断力

　　梁間方向　　　　　　　　　　　　　　桁行方向

　　Qa=710kN > 248kN　・・・OK　　　　　Qa=541kN > 218kN　・・・OK

2.2.9 免震建物の対津波フェールセーフ対策の事例

　津波被災時の終局状態である建物の流出防止対策として津波波力が浸水深 h=3.5m、a=3 となる場合を想定してフェールセーフ機構の設計例を示す。フェールセーフ機構は、積層ゴムの破断や建物流出の防止に対する水平方向抵抗用、浮力および建物の擁壁衝突に伴う転倒による引抜きに対する鉛直方向抵抗用を検討する。ここでは、水平方向抵抗用フェールセーフ機構として PC ケーブル形式と擁壁形式の２ケースについて検討する。

(1) 対津波フェールセーフ機構の設計クライテリア
　　免震部材の許容値を以下に示す。

　1) 水平方向
　　・積層ゴムは、水平せん断ひずみを免震クリアランス 600mm 以内とする。
　　（ゴム層厚の 375%以内：第 3 勾配範囲）
　　・フェールセーフの取付部材は、終局耐力以内とする。

　2) 鉛直方向
　　・積層ゴムの引張限界ひずみは、ゴム層厚の 40%以内とし、引張限界応力度は 1.5N/mm^2 以内とする。[4),5),6)]
　　・フェールセーフ機構は、終局耐力以内とする。

(2) 対津波フェールセーフ設計用津波荷重
　1) 水平力
　　設計用津波波力　浸水深 h=3.5m　a=3　津波波力 Q=28,200 kN
　　免震部材が負担するせん断力： Qa=23,449 kN
　　フェールセーフ機構に作用する力： Qf=Q-Qa=4,751 kN

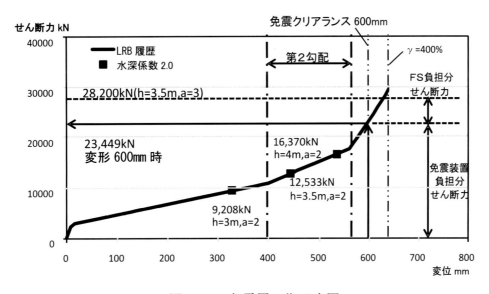

図 2.2.18　免震層の復元力図

2) 引抜力
　・転倒モーメント（OTM）

地震荷重時：OTM= 65,955 kNm（Co=0.15）

津波荷重時：OTM=125,148 kNm（設計用浸水深 h =3.5m、水深係数 a=3.0）

津波荷重時と地震時の比はおよそ 1.9 倍となる。

　・引抜力

　軸力分担がそのまま津波にも適用されるとすると、Y1-X1,X9 など局部的に引抜きが生ずることになるが、転倒に対するフェールセーフの観点からは片側全体軸力が OTM による引抜力を上回っていれば問題はないと言える。

津波荷重時軸力：N=OTM=125,148/19.5= 6,418 kN　＜　16,283 kN（Y1 通り鉛直軸力）

　（125,148 kNm を建物の短辺スパン 19.5ｍで割った片側軸力）

　よって本検討においては、フェールセーフ検討用の引抜力は生じない。

(3)水平抵抗用対津波フェールセーフ機構の設計（PC ケーブル形式）
　1) 必要箇所数の算定

フェールセーフ機構に作用する力　Qf=4,751 kN

使用ケーブル：1,000kN タイプ φ60（降伏耐力 Tu=888 kN）

ケーブル取付角度 θ=14°（建物が変形し、ワイヤーが直線状となったときの水平面との角度）

必要箇所数：Qf/Tu=4,751/（888・cosθ）＝　5.6 箇所　→　6 箇所

※本形式の場合、ケーブルの延びにより免震クリアランス 600mm を超えることが想定されるが、擁壁耐力は期待せず擁壁自体の損傷は許容する。

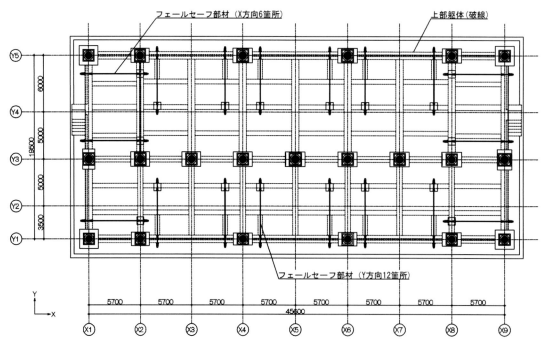

図 2.2.19 フェールセーフ機構配置図

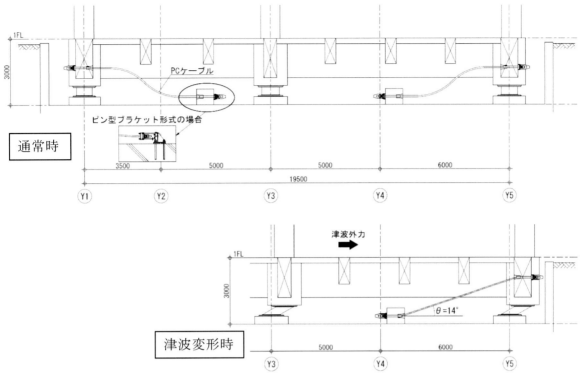

図 2.2.20 フェールセーフ機構断面図【ＰＣケーブル形式】

2) 取付部材

取付部材は、PC ケーブルの降伏耐力以上とする。

下部取付部材　W800xD900xH700　Fc=27 N/mm² 　HOOP □-D13@150　(pw=0.21 %)

M=888 kN×0.35m=311 kNm

Q=888 kN

Mu=0.9×4×387×345×1.1×900/10³=475 kNm > 311 kNm OK → 4-D22

Qu（荒川 mean 式を採用）　= 1,480 kN > 888 kN　OK

(4) 水平抵抗用対津波フェールセーフ機構の設計（擁壁形式）

　　津波により建物が擁壁に衝突し、擁壁のみで建物の流出を防ぐフェールセーフ機構として検討を行う。検討方針としては、フェールセーフ設計用の津波波力に対して短期許容応力度以内とする。なお、擁壁背面の地盤の影響や擁壁に対して斜めに衝突する場合など特殊な状況については考慮しないものとしている。また、地震時土圧は、建築基礎構造指針に示される物部の式により算定すると P_{EA}=24kN/m²（K_{EA}=0.70）程度であり、以降で検討する津波荷重時の水圧よりも十分に小さいため検討を省略する。

1) 擁壁の検討

擁壁に作用する力　Qf=4,751 kN

建物が津波波力を受けて擁壁に衝突する際、免震部材基礎の部分が擁壁に並行に衝突すると考えた場合、本建物における衝突領域の全長は 15m（2.5m×6）程度となる。

QD= 4,751/15= 317 kN/m　…衝突領域の幅 1m 当りの荷重

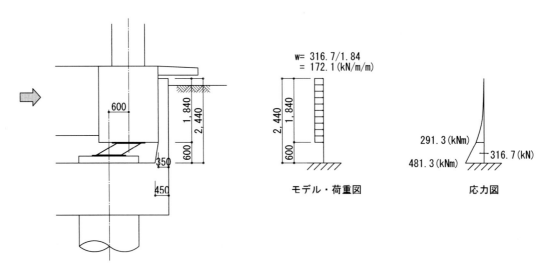

図 2.2.21 擁壁の寸法と応力

・曲げに対する設計

MD= 481 kNm

MA= (10×507)×345×(7/8)×(450-100)/10^6= 535 kNm　　＞MD　OK

・せん断に対する設計

コンクリート強度は Fc36（fs=1.275 N/mm^2）とする。

QD= 317 kN

QA= 1,000×400×1.275/10^3= 510 kN　　＞QD　OK

2）擁壁配筋詳細図

擁壁の配筋詳細図を下記に示す。

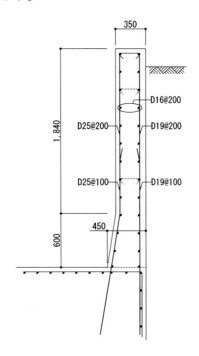

図 2.2.22 擁壁配筋詳細図

(5) 対津波フェールセーフ機構の設計（鉛直抵抗用）

　　本検討における津波波力と免震部材の組合せでは免震部材に引張力が生じないため、検討を省略する。

(6) その他注意事項

　　津波波力に対する免震部材の接合部・取付け躯体の設計においては、考慮すべきせん断力が極めて稀に発生する地震動により免震部材に作用するせん断力よりも大きくなる場合がある。

　　そのため、免震部材の接合部・取付け躯体の検討を行う場合には、対象とすべきせん断力を確認し、特にフェールセーフ対策を講じる免震建物の場合には、十分な余裕を確保した設計とする必要がある。

2.3 免震建物の設計例2 RC造8階建て共同住宅
【免震層の対津波フェールセーフ機構・対津波漂流物対策の事例】

　検討建物は、「津波避難ビル等の構造上の要件の解説[2)]」に示されている建物を免震構造とした、RC造8階建て、中層共同住宅の基礎免震建物である。本建物は津波被災後も建物の再使用を目的とした設計例である。なお、この事例では、津波波力に対して免震層の復元力特性が第2勾配に留まるように、水平用フェールセーフ機構を組み込んでいる。津波波力は、設計用浸水深がh=5.0m、水深係数a=3である。本建物は地震に対して通常の免震性能を確保しており、地震時には上部構造、基礎構造とも短期許容応力度以内であることを確認している。なお、本設計例では、免震部材は標準状態として一連の検討を行う。

2.3.1 検討建物概要
(1) 建物諸元
・用途：共同住宅
・建物規模：地上8階、地下無し、塔屋1階
・建物高さ：23.92m
・構造種別：鉄筋コンクリート造（基礎免震構造）
・架構形式：桁行方向、純ラーメン構造、梁間方向、耐震壁付きラーメン構造
・免震部材：鉛プラグ入り積層ゴム
・津波波力に対するフェールセーフ機構：積層ゴム付加タイプ
・基礎：場所打ちコンクリート杭

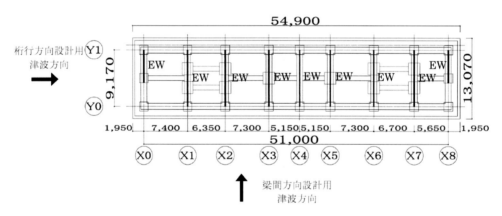

図 2.3.1　1階床伏図

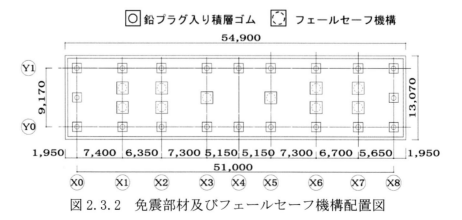

図 2.3.2　免震部材及びフェールセーフ機構配置図

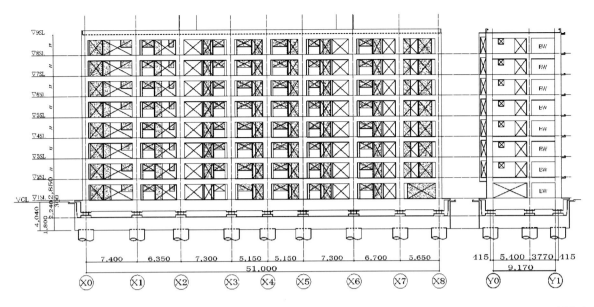

図 2.3.3 Y1 通り軸組図　　　　　図 2.3.4 X8 通り軸組図

※図中、網掛け部は波力計算時に開口とみなした部分を示す。

(2) 免震層

　免震部材は鉛プラグ入り積層ゴムとし、地震時に通常の免震性能を確保するため、以下の条件に基づいて設計している。

・ダンパーの降伏せん断力係数：αy=2.6%

・免震周期：Tf=3.9s

・等価減衰定数：heq=23%（γ=100%時）

・免震クリアランス：水平クリアランス 600mm、鉛直クリアランス 50mm

表 2.3.1　免震部材リスト（せん断弾性率 0.385N/mm^2）

種類	外径mm	鉛径mm	ゴム総厚mm	S2	数量
LRB750	750	140	165	4.55	5
LRB800	800	150	168	4.75	15

(3) 対津波フェールセーフ機構

水平用フェールセーフ機構として、積層ゴム付加タイプを適用する[7]。

この機構は、免震部材上部にクリアを有するせん断キーを設けており、一定以上の変形が生じた場合に水平剛性を付加することができる。

本設計例では、地震時の免震性能に影響を与えないよう、地震時の免震層の最大応答変位を超えた 400mm から機能するようにしている。

以下に水平用フェールセーフ機構の諸元を示す。

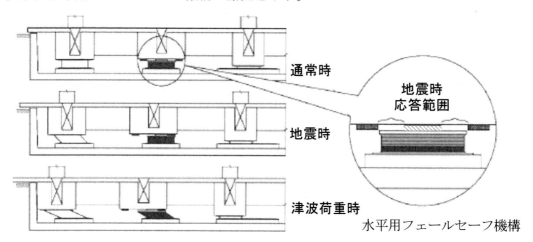

図 2.3.5 水平用フェールセーフ機構の概要[7]

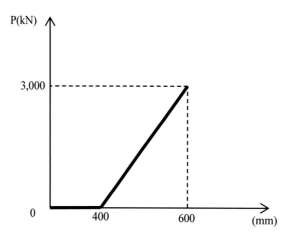

図 2.3.6 水平用フェールセーフ機構の
復元力特性のイメージ

表 2.3.2 水平用フェールセーフ機構の積層ゴムの諸元（1 台当り）

呼称		□1400-G12-160 角型
外径	R （mm）	1400
内径	r （mm）	70
断面積	Ar （mm²）	1.94×10^6
せん断弾性係数	G （N/mm²）	1.2
ゴム総厚	H （mm）	157.2
水平剛性	Kr （kN/m）	14800

(4) 地盤および基礎

・地盤は 2.2 節の免震建物の設計例 1 と同様とする。

・基礎梁は厚さ 1,800mm の耐圧盤形式であり、免震部材直下に場所打ちコンクリート杭を配置
している。基礎底（耐圧盤底面）レベルは GL-4.04m である。

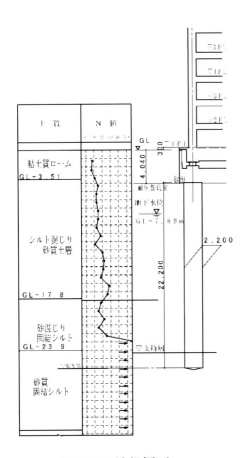

図 2.3.7 地盤概要

表 2.3.3 杭リスト

杭　径	P1　φ2200mm
杭本数	20 本
配　筋	主筋　　50-D32（SD390） Pg=1.13 % HOOP筋　○-D16@150
コンクリート強度	Fc27

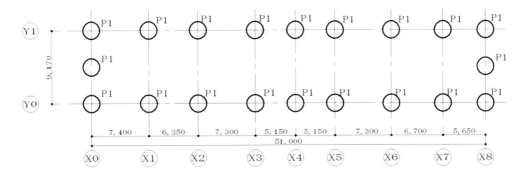

図 2.3.8 杭配置図

2.3.2　耐震設計概要

　JSSI 性能評価用入力地震動 [1]（レベル 2 の第 2 種地盤の 5 波　2b-1_4～2b-5_4）を使用し、時刻歴応答解析による検証を行う。地震時において上部構造、基礎構造とも短期許容応力度以内であることを確認する。

(1) 上部構造

・上部構造の地震荷重（以降、地震設計用せん断力）は、応答解析結果に基づき設定する。

・1 階の層せん断力係数は Cb=0.15 とし、高さ方向の外力分布は応答結果を包絡するように設定する。

(2) 免震層

　・積層ゴムの面圧の検討では、上下動±0.3G を考慮し、以下のクライテリア以内であることを確認する。

免震層のクライテリア（地震）

・水平変位 400mm 以内（せん断ひずみ 250％以内） ・引張面圧-1N/mm²以内 ・基準面圧の 2 倍以内

(3) 基礎構造

・杭に地盤抵抗を考慮し、有限長杭の応力変形を線形弾性地盤反力法により算定する。

・杭の設計曲げ、せん断力は、杭頭固定として評価する。

・地震時の基礎の設計震度は K=0.3 とし、根入れ深さの低減効果は無視する。

・免震部材の付加曲げ（P-δ、Q-h）を考慮する。

2.3.3　対津波設計概要

　津波検討は本マニュアルの「免震建物の対津波検討フロー」に基づいて行う。

　地震荷重に対して通常の免震性能を有する建物について、津波荷重時においても構造安全性が確保されていることを確認する。津波荷重時についても免震部材からの P-δ、Q-h による付加曲げ応力を考慮する。なお、浮力については、設定した浸水状況に応じた値を考慮する。

(1) 上部構造

・「津波避難ビル等の構造上の要件の解説 [2]」に基づき、津波波力を算定する。なお、建設地の津波予測データより、設計用浸水深は h=5.0m、水深係数 a=3 とする。

(2) 免震層

・津波被災後も建物としての再使用を目的とし、対津波目標性能ランク II を意図した以下のクライテリア以内であることを確認する。なお、積層ゴムの面圧の検討では浮力を考慮する。

・免震部材取付け躯体および接合部は、短期許容応力度以内であることを確認する。ただし、フランジプレートは弾性限耐力以内とする。

・免震層の荷重変形曲線は、積層ゴムのハードニングを考慮し、γ=250％～350％までを初期剛性の 2 倍、γ=350％以上を初期剛性の 7 倍として算定する。この荷重変形曲線は、「免震構造

設計指針 [3]」を参考に設定している。

免震層のクライテリア（津波）

・復元力特性が第 2 勾配以内（水平変位 560mm 以内、せん断ひずみ 350％以内）
・引張面圧-1N/mm² 以内
・圧縮限界面圧×0.9 以内

(3) 対津波フェールセーフ機構
・水平用フェールセーフ機構は、地震時応答に影響を及ぼさないように設計する。地震時の免震層の変形のクライテリア（400mm）を超えた変形から機能するようにする。
・水平用フェールセーフ機構においても、取付け躯体および接合部は、短期許容応力度以内であることを確認する。ただし、フランジプレートは弾性限耐力以内とする。

(4) 基礎構造
・基礎構造の検討部材は、杭、耐圧盤、擁壁とする。
・免震建物であり、津波被災後も基礎構造に損傷のないこと（短期許容応力度以内）を確認する。
・浮力は、免震層への水の流入を考慮しない設計用浸水深～耐圧盤底面位置までを考慮する。本検討では、津波の浸水とともに、建物周辺の地盤に透水性があり基礎底面に水が回りこんだ場合を想定して、基礎底面の浮力を考慮している。
・転倒の検討として、杭の軸力検討を行う。軸力算定には、津波波力の転倒モーメントによる変動軸力および、免震部材の付加曲げ（P-δ、Q-h）を考慮する。
・本検討では周辺地盤の洗掘は考慮しない。なお洗掘が想定される場合は、洗掘により擁壁の受圧面積の波圧が増大するため、擁壁および杭の検討を行う。
・耐圧盤については、通常の耐震設計と同様、杭頭、免震部材の付加曲げを考慮する他、津波荷重時の浮力を考慮する。

2.3.4 津波による外力の算定

(1) 津波波力

・津波波力は「津波避難ビル等の構造上の要件の解説 [2]」に基づいて算定する。

・設計用浸水深は h=5.0m、水深係数 a=3 であるため、津波波圧算定用高さは ah=3×5.0m=15m である。

・津波波力算出時の開口低減係数は 0.85(桁行方向), 0.72(梁間方向)を考慮する [2]。

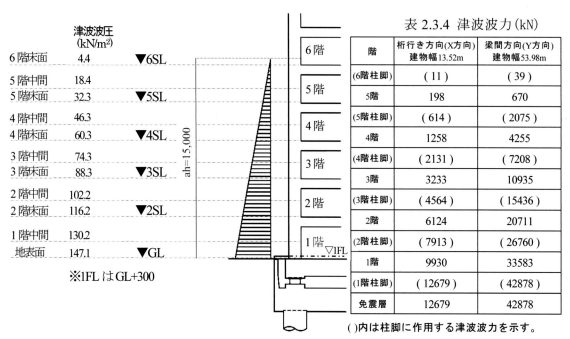

表 2.3.4 津波波力 (kN)

階	桁行き方向(X方向) 建物幅13.52m	梁間方向(Y方向) 建物幅53.98m
(6階柱脚)	(11)	(39)
5階	198	670
(5階柱脚)	(614)	(2075)
4階	1258	4255
(4階柱脚)	(2131)	(7208)
3階	3233	10935
(3階柱脚)	(4564)	(15436)
2階	6124	20711
(2階柱脚)	(7913)	(26760)
1階	9930	33583
(1階柱脚)	(12679)	(42878)
免震層	12679	42878

( )内は柱脚に作用する津波波力を示す。

津波波圧
(kN/m²)

6階床面	4.4	▼6SL
5階中間	18.4	
5階床面	32.3	▼5SL
4階中間	46.3	
4階床面	60.3	▼4SL
3階中間	74.3	
3階床面	88.3	▼3SL
2階中間	102.2	
2階床面	116.2	▼2SL
1階中間	130.2	
地表面	147.1	▼GL

ah=15,000

※1FL は GL+300

図 2.3.9 津波波力の算定

(2) 浮力

浮力については、以下の条件で算定する。

・浮力の算定については、2.2 節の免震建物の設計例 1 と同条件とする。

・免震層の水の流入を考慮しない場合（下図 a）、免震層の体積も浮力に算入する。免震部材および基礎の検討に用いる。

・免震層の水の流入を考慮した場合（下図 b）、上部構造の躯体分の体積を浮力とする。免震部材の検討に用いる。なお、今回の検討では 1 階床下の空気溜まりによる浮力は無視した。

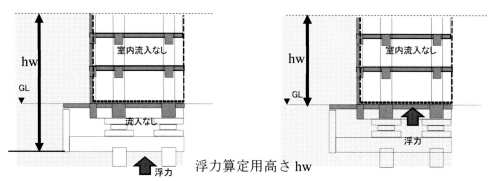

a) 免震層の水の流入を考慮しない場合　　b) 免震層の水の流入を考慮した場合

図 2.3.10 浮力の算定

(3) 漂流物の衝突荷重

　ここでは、津波漂流物の衝突荷重について、実際に漂流物となる可能性の高い自動車および
コンテナを対象にし、衝突荷重の算出を行う。

　本検討に用いる津波漂流物の衝突荷重においては、漂流物の質量、衝突速度（v=3.0m/s を想
定）に加え、漂流物の軸剛性および被衝突体の軸剛性を用いて算出する。

　被衝突体（建物）の軸剛性においては、免震層の水平剛性（初期剛性時、400 mm変形時の等
価剛性）を採用する。

　算出式は、FEMA2012 に提案されている次式の簡略式にて検討を行う。

$$F = v\sqrt{km(1+c)} \tag{2.3.1}$$

$$\frac{1}{k} = \frac{1}{k_t} + \frac{1}{k_a} \tag{2.3.2}$$

ここに、

F ：衝突力[N]

v ：衝突速度[m/s]

m ：衝突体の質量[kg]

c ：付加質量係数

k_a ：衝突体の軸剛性[N/m]

k_t ：被衝突体の軸剛性[N/m]

k ：k_a, k_t を考慮した等価な軸剛性[N/m]

　コンテナは 20ft 標準コンテナを想定し、「港湾の津波避難施設の設計ガイドライン(国土交通
省港湾局　平成 25 年 10 月)」[8] に記載されている諸元値を用いる。

　自動車においては、高畠らの論文[9]を参考に設定した。

　検討に用いる諸元値一覧を表 2.3.5 に示し、表 2.3.6 に算出した衝突荷重を示す。

表 2.3.5　衝突体（自動車、コンテナ）諸元値一覧

漂流物(衝突体)	質量　m(kg)	付加質量係数 c	漂流物の軸剛性　ka(N/m)
セダン型自動車（軸方向）	2000	0.3	35×10^4
セダン型自動車（法線方向）	2000	1.0	35×10^4
ボンネット型自動車（軸方向）	2000	0.3	35×10^5
ボンネット型自動車（法線方向）	2000	1.0	35×10^5
20ft標準コンテナ（軸方向）	2200	0.3	85×10^6
20ft標準コンテナ（法線方向）	2200	1.0	80×10^6

表 2.3.6　衝突荷重の算出結果一覧

衝突体	被衝突体の状態	k_t(N/m)	k_a(N/m)	k (N/m)	m(kg)	c	F (kN)
セダン型自動車 （軸方向）	1次剛性	2.96E+08	3.50E+05	3.50E+05	2000	0.3	90
	40cm変形時等価剛性	2.98E+07	3.50E+05	3.46E+05	2000	0.3	90
セダン型自動車 （法線方向）	1次剛性	2.96E+08	3.50E+05	3.50E+05	2000	1.0	112
	40cm変形時等価剛性	2.98E+07	3.50E+05	3.46E+05	2000	1.0	112
ボンネット型自動車 （軸方向）	1次剛性	2.96E+08	3.50E+06	3.46E+06	2000	0.3	285
	40cm変形時等価剛性	2.98E+07	3.50E+06	3.13E+06	2000	0.3	271
ボンネット型自動車 （法線方向）	1次剛性	2.96E+08	3.50E+06	3.46E+06	2000	1.0	353
	40cm変形時等価剛性	2.98E+07	3.50E+06	3.13E+06	2000	1.0	336
20ftコンテナ （軸方向）	1次剛性	2.96E+08	8.50E+07	6.60E+07	2200	0.3	1304
	40cm変形時等価剛性	2.98E+07	8.50E+07	2.20E+07	2200	0.3	753
20ftコンテナ （法線方向）	1次剛性	2.96E+08	8.00E+07	6.30E+07	2200	1.0	1579
	40cm変形時等価剛性	2.98E+07	8.00E+07	2.17E+07	2200	1.0	927

　表 2.3.6 より、衝突力 F の算定値は、セダン型自動車に対してボンネット型自動車の場合で 3 倍程度、付加質量係数 c=0.3 の場合に対して c=1.0 の場合で 1.2 倍程度の差となることが確認できる。また、衝突体の軸剛性が高い 20ft コンテナの場合においてはボンネット型自動車に対し衝突力は最大で 4.5 倍程度の差異が生じ、実質は衝突力算出において衝突体の軸剛性が支配的であること確認できる。

【参考】
　本検討においては被衝突体となる建物の軸剛性を免震層の剛性として評価を行い衝突荷重を算出し上部構造に対する検討を行ったが、被衝突体の建物を耐震建物とした場合（基礎固定）の比較を参考で考察する。
　衝突体が自動車の場合は衝突体の軸剛性により等価な軸剛性が決定されるため、構造形式（耐震、免震）における衝突荷重の差異は微小であり免震建物固有の影響は少ないと考えられる。
　衝突体がコンテナの場合は被衝突体が本建物のように免震建物の場合は、衝突体(コンテナ)の軸剛性と免震層の剛性が比較的近い値となるため、等価な軸剛性は衝突体のものよりも小さくなる傾向となることが確認できる。
　すなわち、衝突荷重における上部構造の検討を行う際には、免震層の剛性を考慮せず、免震層が固定されている（被衝突体の建物の軸剛性を考慮しない）とみなして検討すれば安全側の評価を行うことができると考えられる。

2.3.5 上部構造の検討

(1) 津波波力と地震設計用せん断力

　上部構造については、桁行方向の場合、津波波力が地震設計用せん断力を下回っているため検討を省略した。一方、梁間方向の場合、3階以下において津波波力の値が地震設計用せん断力を超えているため、検討を行い部材が弾性限耐力以内であることを確認した。

　免震層についても、梁間方向において津波波力が地震設計用せん断力の値を上回っているため、免震部材の検討を行った。なお、水圧を受ける柱部材については、別途検討を行い弾性限耐力以内であることを確認した。

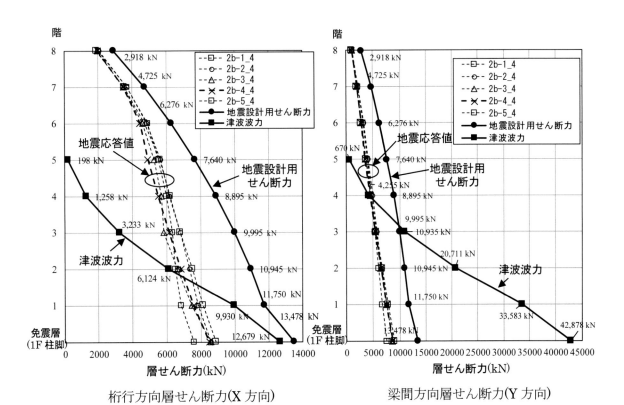

桁行方向層せん断力(X方向)　　　梁間方向層せん断力(Y方向)

図2.3.11 津波波力と地震設計用せん断力の比較

(2) 漂流物の衝突による影響

衝突に対する耐力として保有水平耐力を用い、「表 2.3.6 衝突荷重の算出結果一覧」による衝突力との比較によって衝突力がどの程度建物に影響を及ぼすかを検討する。

図 2.3.12 に被衝突体の建物の荷重-変形関係(桁行方向[X 方向]：保有水平耐力時の層間変形角 1/100、梁間方向[Y 方向]：保有水平耐力時の層間変形角 1/550)を示す。

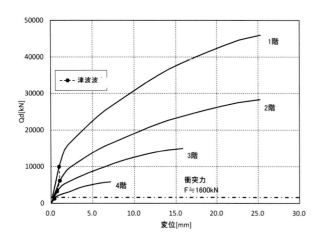 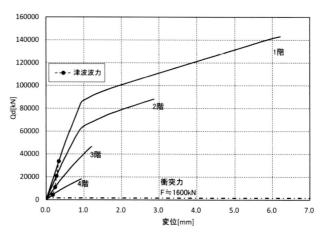

図 2.3.12 荷重-変形関係図（左図：桁行方向、右図：梁間方向）

本建物において、2 階の桁行方向加力時の保有水平耐力は 28,000kN 程度、梁間方向加力時の保有水平耐力は 88,000kN 程度であり、おおむね 1,600kN となる衝突力(20ft コンテナ、表 2.3.6 参照)に津波波力を加算して算出した荷重に対して著しく大きい。このため、RC 造 8 階程度の規模を持つ建物については、1〜2 階程度の低層階への自動車、コンテナ等の漂流物の衝突に伴って、衝撃に建物全体が耐えられず倒壊することはないものと考えられる。

ただし、漂流物の衝突に伴って、建物の自重を支持する柱・梁部材の破壊に伴い自重を支持できずに倒壊する場合については、この限りではなく、別途詳細な検討が必要であると考えられる。

2.3.6 免震層の検討

(1) 免震層の荷重変形曲線

津波波力が地震力を上回っている梁間方向の免震層の荷重変形曲線を図2.3.13に示す。参考のため、鉛プラグ入り積層ゴムのみの場合の荷重変形曲線も併記した。

積層ゴムの荷重変形曲線は、ハードニングを考慮し、γ=250%～350%までを初期剛性の2倍、γ=350%以上を初期剛性の7倍として算定している [3]。なお、フェールセーフ機構の荷重変形曲線は線形としている。

水平用フェールセーフ機構を設置したことにより、津波波力に対して免震層の復元力特性は第2勾配に留まり、変形は560mm(γ=350%)となった。なお、フェールセーフ機構の負担荷重は23,348kNとなり、免震層に作用する津波波力の約半分を負担している。

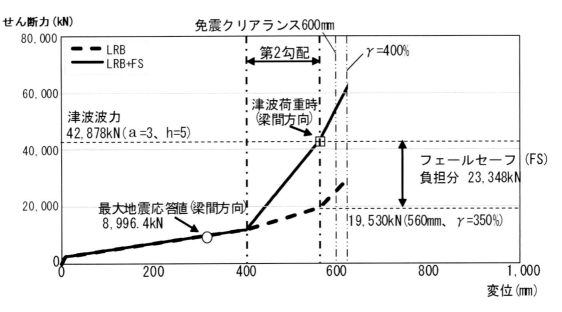

図2.3.13 梁間方向の津波波力と免震層の荷重変形曲線

(2) 免震部材の面圧

積層ゴムは津波荷重時においても圧縮限界強度以内におさまっており、引抜力は-1N/mm² 以内であることを確認した。

(3) 免震部材の接合部の検討

接合部の検討は、「免震部材の接合部・取り付け躯体の設計指針」[10]に基づき、検討を行いクライテリア内であることを確認した。

2.3.7　基礎構造の検討

(1) 基礎構造に対する津波波力

　　杭頭位置の津波波力と地震時の荷重比較（層せん断力、転倒モーメントOTM）を表2.3.7に示す。

　杭頭位置で、層せん断力、転倒モーメント共に、梁間方向では津波波力が大きくなる結果となった。

表 2.3.7　津波波力と地震時の荷重比較（杭頭位置）

	設計せん断力時 （地震荷重時）		津波波力			
	層せん断力 （kN）	転倒モーメント （kN・m）	層せん断力 （kN）		転倒モーメント （kN・m）	
桁行方向 (X方向加力)	28,506	264,111	12,679	（0.44）	114,618	（0.43）
梁間方向 (Y方向加力)			42,878	（1.50）	387,617	（1.47）

（　）内は地震荷重との比率を示す。

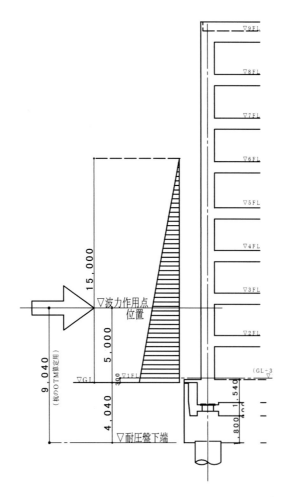

図 2.3.14　杭位置の津波波力の算定

(2) 転倒

津波荷重時の杭頭軸力を表 2.3.8 と表 2.3.9 に示す。

軸力算定には、基礎底の浮力、免震部材の付加曲げ（P-δ、Q-h）を考慮する。

安全側の評価として、引張軸力は、免震部材の引張剛性による応力再分配は考慮していない。

最小軸力は梁間方向正加力の-3,666kN となるが、杭の短期引抜き抵抗力以内となる。

表 2.3.8 津波荷重時の各杭の杭頭軸力

津波時　X　桁行方向

	X0	X1	X2	X3	X4	X5	X6	X7	X8
Y1	383	3,941	4,572	2,756	3,558	5,171	3,960	2,384	5,563
	189								3,810
Y0	-24	3,845	4,536	2,689	3,477	5,084	3,911	2,978	4,419

最大　　5,563 kN
最小　　　-24 kN

津波時　X-　桁行方向

	X0	X1	X2	X3	X4	X5	X6	X7	X8
Y1	4,941	4,199	3,943	5,100	3,848	2,710	4,519	5,173	-974
	3,223								-849
Y0	4,539	4,020	3,668	4,913	3,724	2,617	4,459	4,545	-1,120

最大　　5,173 kN
最小　-1,120 kN

津波時　Y　梁間方向

	X0	X1	X2	X3	X4	X5	X6	X7	X8
Y1	8,670	11,573	12,014	11,185	10,410	11,123	11,928	10,913	8,004
	248								-46
Y0	-2,355	-3,477	-3,666	-3,456	-3,128	-3,343	-3,520	-3,284	-2,593

最大　12,014 kN
最小　-3,666 kN

津波時　Y-　梁間方向

	X0	X1	X2	X3	X4	X5	X6	X7	X8
Y1	-3,346	-3,433	-3,500	-3,329	-3,004	-3,242	-3,449	-3,356	-3,416
	3,164								3,007
Y0	6,871	11,342	11,869	11,058	10,329	11,044	11,891	10,808	5,892

最大　11,891 kN
最小　-3,500 kN

表 2.3.9 杭頭軸力と短期許容支持力（P1）

杭軸力	地震時 （kN）	津波荷重時 （kN）		短期許容支持力	余裕度
最大杭軸力	9,810	桁行 X	5,563	26,024 （短期許容支持力）	2.17
	11,174	梁間 Y	12,014		
最小杭軸力	96	桁行 X	-1,120	-6,091 （短期引抜き抵抗力）	1.66
	2,268	梁間 Y	-3,666		

(3) 滑動

1) 杭の検討

　図 2.3.15 に杭の曲げモーメント分布図を示す。杭の応力算定は、軸力に応じた杭体のひび割れ剛性低下を考慮した線形弾性地盤反力法により算定した。図 2.3.16 に杭の短期曲げ相関曲線図に最大曲げモーメント（最大軸力、最小軸力時）をプロットした。津波波力に対し、短期許容応力度以内であることを確認した。

・せん断に対する検討
　杭の最大せん断応力 QD=2,251kN（梁間方向）
　　　　　　　< 　短期許容せん断耐力 sQA＝2,486kN　　　　OK
　　　　　　　QA=Ae×τ/κ＝3,801,327×0.87/1.33＝2,486kN

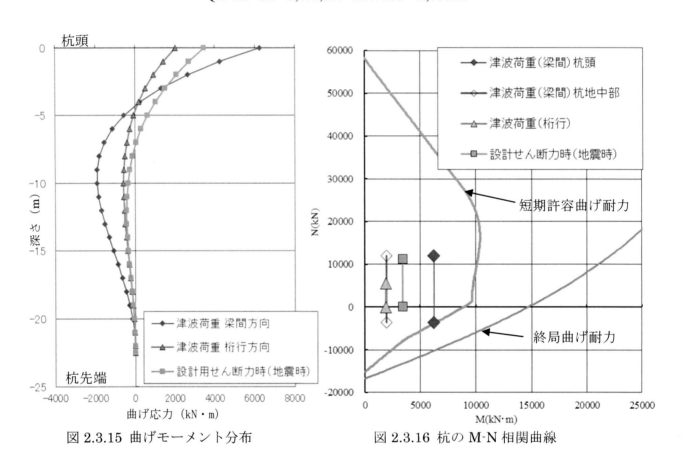

図 2.3.15 曲げモーメント分布　　　　　　　図 2.3.16 杭の M-N 相関曲線

2) 耐圧盤の検討

　基礎構造は短期許容応力度以内であることを確認する。通常の耐震設計と同様、杭頭、免震部材の付加曲げを考慮する他、津波荷重時の浮力を考慮する。

耐圧盤の配筋

　　コンクリート強度 Fc30　鉄筋：主筋 SD390　あばら筋 SD345

　　断面：　t ＝1,800　幅 1,800mm（梁型配筋）

　　主筋：上/下端　2 段筋　D32@200

　　STP：6-D16@250

断面算定結果

　　・最大曲げ応力 MD＝6,948 kN・m

　　　　＜　短期許容曲げ耐力 sMA＝7,803kN・m　OK

　　　　　　j＝7/8×d＝7/8×(1,800-200)＝1,400mm、at＝18 本×794mm^2/本

　　　　　　sMA=at×ft×j＝18×794×390×1,400＝7,803kN・m

　　・最大せん断応力 QD＝3,578kN

　　　　＜　短期許容せん断耐力 sQA＝4,935kN　　　　OK

　　　　　　sQA = b j {α fs + 0.5wft (pw − 0.002)}=4,935kN

　　　　　　b＝1,800mm　j＝1,400mm　α＝1.5　pw=0.27％　wft＝295N/mm^2

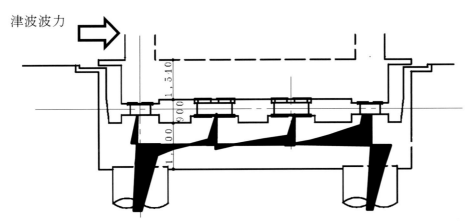

津波荷重時（梁間方向）の耐圧盤の応力図（曲げモーメント）

図 2.3.17 津波荷重時（梁間方向）曲げモーメント図
（津波荷重時の水平荷重、変動軸力、浮力、付加曲げ考慮）

2.4 免震建物の設計例3　S造10階建て事務所ビル
【免震層の対津波フェールセーフ機構の事例】

　検討建物は、「津波避難ビル等の構造上の要件の解説[2]」に示されている建物を免震構造とした、S造10階建て、中層事務所ビルの基礎免震建物である。

　この事例は、津波被災時に建物の流出防止を目的としている。そのため上部構造、基礎構造については、津波荷重時に倒壊崩壊しないレベルまで許容しているが、免震層については水平変位および引抜力による鉛直変位を抑制するため、水平抵抗と引抜き抵抗を兼用したフェールセーフ機構を設けている。なお、津波荷重時に免震部材に過大な引抜力が発生し、建物が転倒することを防止するため免震層の対津波目標性能はランクⅡとしている。津波波力は、設計用浸水深が h＝6.0m、水深係数 a＝3 である。

　本建物は地震に対して通常の免震性能を確保しており、地震時には上部構造、基礎構造とも短期許容応力度以内であることを確認している。なお、本設計例では、免震部材は標準状態として一連の検討を行う。

2.4.1　検討建物概要

(1) 建物諸元
・用　　　途：事務所
・建物規模：地上10階、地下無し、塔屋1階
・建物高さ：40.25m
・構造種別：鉄骨造（基礎免震構造）
・架構形式：両方向とも純ラーメン構造
・免震部材：天然ゴム系積層ゴム、鉛プラグ入り積層ゴム
・津波荷重時に対するフェールセーフ機構：かん合型HVストッパー（図2.4.18）
・基　　　礎：場所打ちコンクリート杭

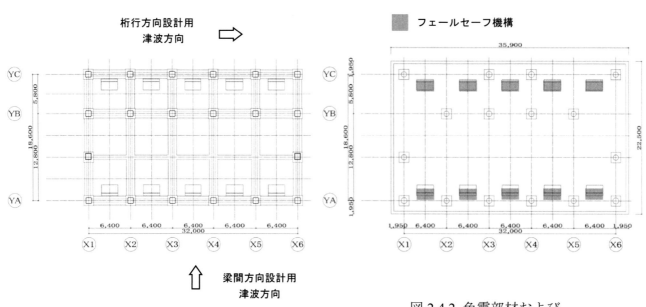

図 2.4.1　1 階床伏図

図 2.4.2　免震部材および
フェールセーフ機構配置図

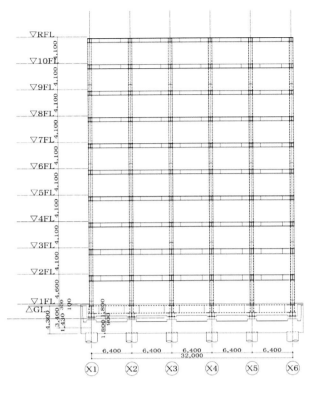

図 2.4.3 YA 通り軸組図

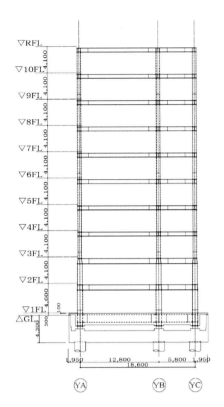

図 2.4.4 X3 通り軸組図

(2) 免震層

　免震部材は天然ゴム系積層ゴムおよび鉛プラグ入り積層ゴムとし、地震時に通常の免震性能を確保するため、以下の条件に基づいて設計している。

・ダンパーの降伏せん断力係数：αy＝2.6%

・免震周期：Tf＝3.6sec

・等価減衰定数：heq＝20%（γ＝100%時）

・免震クリアランス：水平クリアランス 550mm、鉛直クリアランス 50mm

表 2.4.1 免震部材リスト（せん断弾性率 0.385N/mm²）

種類	外径(mm)	鉛径(mm)	ゴム総厚(mm)	S2	数量
RB800	800		168	4.75	2
RB850	850		168	5.06	4
LRB800	800	150	168	4.75	6
LRB850	850	180	168	5.06	4

(3) 地盤および基礎

・地盤は 2.2 節の免震建物の設計例 1 と同様とする。

・基礎構造は厚さ 1,800mm の耐圧盤形式であり、免震部材直下に場所打ちコンクリート杭を配置している。基礎底（耐圧盤底面）レベルは GL-4.30m である。

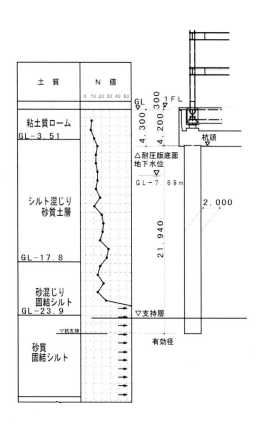

図 2.4.5 地盤概要

表 2.4.2 杭リスト

杭　径	φ2,000mm
杭本数	16 本
配　筋	主筋　P1　45-D32(SD390) Pg＝1.13% HOOP 筋　○-D16@150
コンクリート強度	Fc27

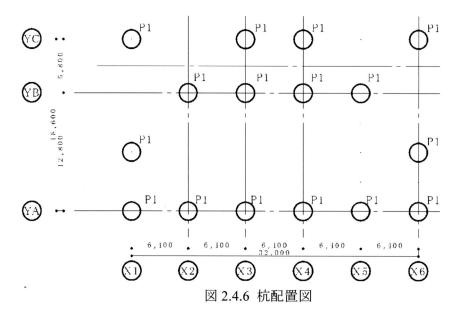

図 2.4.6 杭配置図

2.4.2 耐震設計概要

JSSI 性能評価用入力地震動 [1]（レベル 2 の第 2 種地盤の 5 波　2b-1_4〜2b-5_4）を使用し、時刻歴応答解析による検証を行う。地震時において上部構造、基礎構造とも短期許容応力度以内であることを確認する。

(1) 上部構造

・上部構造の地震荷重（以降、地震設計用せん断力）は、応答解析結果に基づき設定する。
・1 階の層せん断力係数は C_b＝0.17 とし、高さ方向の外力分布は応答結果を包絡するように設定する。

(2) 免震層

・積層ゴムの面圧の検討では、上下動±0.3G を考慮し、以下のクライテリア以内であることを確認する。

免震層のクライテリア（地震）

> ・水平変位 420mm 以内（せん断ひずみ 250%以内）
> ・引張面圧 -1N/mm^2 以内
> ・基準面圧の 2 倍以内

(3) 基礎構造

・杭に地盤抵抗を考慮し、有限長杭の応力変形を線形弾性地盤反力法により算定する。
・杭の設計曲げ、せん断力は、杭頭固定として評価する。
・地震時の基礎の設計震度は K＝0.3 とし、根入れ深さの低減効果は無視する。
・免震部材の付加曲げ（P-δ、Q-h）を考慮する。

2.4.3 対津波設計概要

津波検討は本マニュアルの「免震建物の対津波検討フロー」に基づいて行う。

地震荷重に対して通常の免震性能を有する建物について、津波荷重時においても構造安全性が確保されていることを確認する。津波荷重時についても免震部材からの P-δ、Q-h による付加曲げ応力を考慮する。なお、浮力については、設定した浸水状況に応じた値を考慮する。

(1) 上部構造

・「津波避難ビル等の構造上の要件の解説 [2]」に基づき、津波波力を算定する。なお、建設地の津波予測データより、設計用浸水深は h＝6.0m、水深係数 a＝3 とする。
・津波波力の外力分布による荷重増分解析を行ない、層間変形角が 1/50 となる時点の水平耐力を上部構造の保有水平耐力とする。
・算定した津波波力が上部構造の保有水平耐力以内であることを確認する。

(2) 免震層

・津波被災時に建物の流出防止を目的とし、対津波目標性能ランクⅡを意図した以下のクライ

テリア以内であることを確認する。なお、積層ゴムの面圧の検討では浮力を考慮する。

・免震部材取付け躯体および接合部は、短期許容応力度以内であることを確認する。ただし、フランジプレートは弾性限耐力以内とする。

・免震層の荷重変形曲線は、積層ゴムのハードニングを考慮し、γ＝250～350%までを初期剛性の2倍、γ＝350%以上を初期剛性の7倍として算定する。[3]

免震層のクライテリア（津波）

> ・復元力特性が第2勾配以内（水平変位504mm以内、せん断ひずみ300%以内）
>
> ・限界ひずみ40%以内かつ引張面圧 -1.5N/mm² 以内
>
> ・圧縮限界面圧×0.9以内

(3) 対津波フェールセーフ機構

・水平用＋鉛直用フェールセーフ機構は、地震時応答に影響を及ぼさないように設計する。地震時の免震層のクライテリア（水平変位420mm）を超えた変形から機能するようにする。

・積層ゴムを引張状態で保持し続けると鉛直剛性が軟化する可能性もあるため、クライテリアを超える引張面圧が生じる免震部材については、引抜力をフェールセーフ機構が全て負担するものとする。

・水平用＋鉛直用フェールセーフ機構として用いるかん合型HVストッパーは、短期許容応力度以内であることを確認する。

(4) 基礎構造

・基礎構造の検討部材は、杭、耐圧盤、擁壁とする。

・津波被災時に建物の流出防止を目的とし、基礎構造は終局耐力以下であることを確認する。杭については杭頭の曲げ降伏は許容するが、不同沈下を防止するため杭体の2点ヒンジ、終局せん断耐力以下であることを確認する。

・浮力は、免震層への水の流入を考慮しない設計用浸水深～耐圧盤底面位置までを考慮する。本検討では、津波の浸水とともに建物周辺の地盤に透水性があり基礎底面に水が回りこんだ場合を想定して基礎底面の浮力を考慮している。

・転倒の検討として、杭の軸力検討を行う。軸力算定には、津波波力の転倒モーメントによる変動軸力および、免震部材の付加曲げ（P-δ、Q-h）を考慮する。杭の浮き上がり（杭の自重を含む終局引き抜き耐力を一部超えること）を許容する。ただし、耐圧盤で引張力を伝達できることを確認する。また、引張側のフレームが全て浮き上がることを許容する場合は、地震時の転倒にくらべ津波波力は長時間水平抵抗を受け続けるため耐圧盤の傾斜など設計に留意する必要がある。

・本検討では周辺地盤の洗掘は考慮しない。なお洗掘が想定される場合は、洗掘により擁壁の受圧面積の波圧が増大するため、擁壁および杭の検討を行う。

・耐圧盤については、通常の耐震設計と同様、杭頭、免震部材の付加曲げを考慮する他、津波荷重時の浮力を考慮する。

2.4.4 津波による外力の算定

(1) 津波波力

・津波波力は「津波避難ビル等の構造上の要件の解説[2]」に基づいて算定する。

・設計用浸水深は h＝6.0m、水深係数 a＝3 であるため、津波波圧算定用高さは ah＝3×6.0m＝18m である。

・津波波力算出時の開口低減係数は 0.77（桁行方向）、0.90（梁間方向）を考慮する。[2]

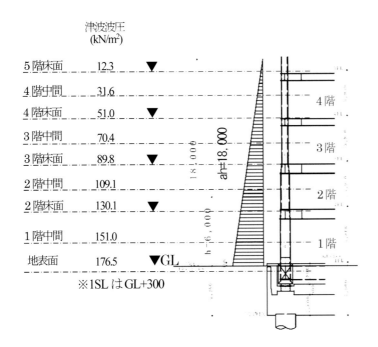

表 2.4.3 津波波力(kN)

階	桁行方向（X方向）建物幅 20.2m	梁間方向（Y方向）建物幅 33.6m
(5階柱脚)	(119)	(232)
4階	793	1542
(4階柱脚)	(2062)	(4009)
3階	3926	7633
(3階柱脚)	(6385)	(12414)
2階	9439	18352
(2階柱脚)	(13415)	(26081)
1階	18087	35165
(1階柱脚)	(24710)	(48042)
免震層	24710	48042

図 2.4.7 津波波力の算定

(2) 浮力

　浮力の算定については、2.2 節の免震建物の設計例 1 と同条件とする。

なお、設計用浸水深は h＝6.0m、水深係数 a＝3 である。

2.4.5 上部構造の検討

(1) 津波波力と地震設計用せん断力

上部構造については、桁行・梁間方向とも 2 階以下において津波波力が地震設計用せん断力を超えているため、上部構造の保有水平耐力が津波波力を上回ることを図 2.4.9 より確認した。

また、代表的な構面のヒンジ図を図 2.4.10 に示す。両方向とも柱脚および梁端にヒンジが生じている状態であり、層崩壊が生じていないことが確認できる。

免震層については、桁行・梁間方向とも津波波力が地震設計用せん断力を上回っているため、免震部材の検討を行った。なお、水圧を受ける柱部材については、別途検討を行い終局耐力以内であることを確認した。

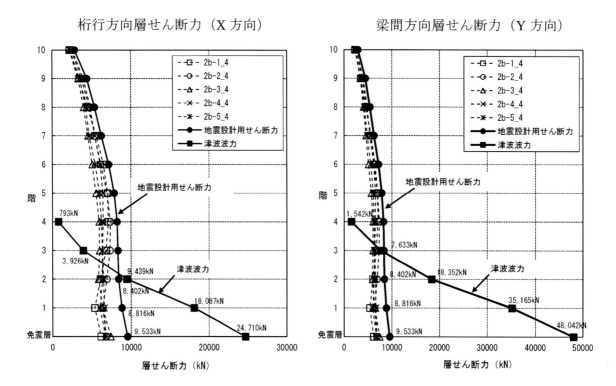

図 2.4.8 津波波力と地震設計用せん断力の比較

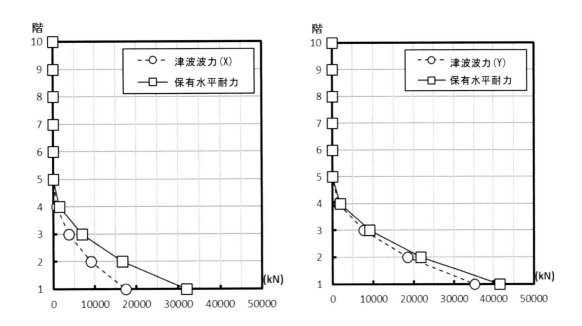

図 2.4.9 津波波力と津波波力による外力分布での保有水平耐力との比較

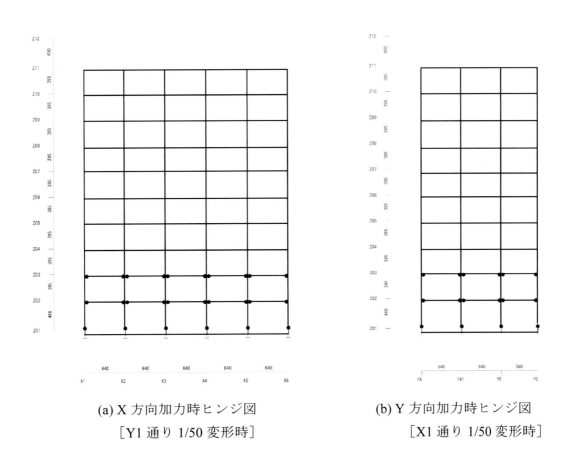

(a) X 方向加力時ヒンジ図
　　[Y1 通り 1/50 変形時]

(b) Y 方向加力時ヒンジ図
　　[X1 通り 1/50 変形時]

図 2.4.10 津波波力による外力分布での崩壊形

2.4.6 免震層の検討

(1) 免震層の荷重変形曲線

　桁行・梁間方向とも津波波力が地震設計用せん断力を上回っており、桁行方向の津波波力と免震層の荷重変形曲線を図 2.4.11、梁間方向の津波波力と免震層の荷重変形曲線を図 2.4.12 に示す。積層ゴムの荷重変形曲線は、ハードニングを考慮し、γ＝250～350%までを初期剛性の2倍、γ＝350%以上を初期剛性の7倍として算定している。[3]

　水平用＋鉛直用フェールセーフ機構は、大変形した積層ゴムを引張状態で保持することになるため水平ひずみ 300%（水平変位 504mm）から機能するものとする。

　よって、フェールセーフ機構に生じる水平方向のせん断力は、桁行方向で 11,316kN、梁間方向で 34,648kN となる。

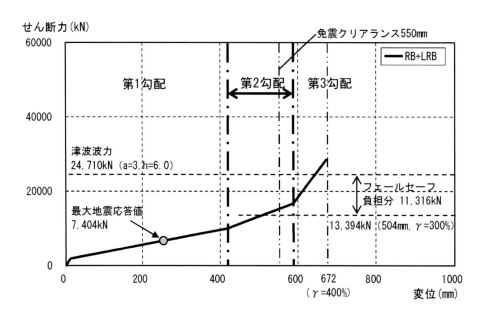

図 2.4.11 桁行方向の津波波力と免震層の荷重変形曲線

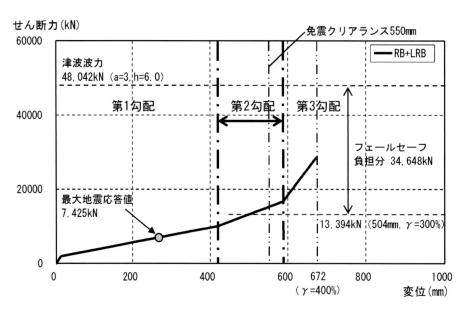

図 2.4.12 梁間方向の津波波力と免震層の荷重変形曲線

(2) 免震部材の面圧

　津波荷重時における引張面圧は浮力を考慮した場合、桁行方向で最大引張面圧-0.49N/mm² とクライテリア以内であるが、梁間方向で最大引張面圧-4.59N/mm² となりクライテリアである-1.5N/mm² を超える。

　積層ゴムを引張状態で保持し続けると鉛直剛性が軟化する可能性もあるため、クライテリアを超える引張面圧が生じる免震部材については、引抜力をフェールセーフ機構が全て負担するものとする。

　よって、フェールセーフ機構に生じる引抜力は、梁間方向の正加力時で-1,497kN,-1,626kN（-2.98N/mm²,-3.24N/mm²）、負加力時で-2,415～-2,921kN（-4.26～-4.59N/mm²）となる。

　なお、津波荷重時における圧縮面圧は、クライテリア以内であることを確認している。

表 2.4.4 津波荷重時の免震部材の支点反力および面圧

上段：支点反力(kN)
下段：面圧 (N/mm²)

桁行方向 （正加力）

	X1	X2	X3	X4	X5	X6
YC	-277		1,779	1,526		3,963
	-0.49		2.80	2.40		6.99
YB		3,596	2,360	1,927	4,132	
		6.57	4.31	3.52	7.55	
YA2	1,292					3,248
	2.66					6.70
YA	-46	1,976	2,143	2,172	1,830	2,422
	-0.09	4.07	4.42	4.48	4.82	2.66

桁行方向 （負加力）

	X1	X2	X3	X4	X5	X6
YC	3,821		1,941	1,433		-201
	6.74		3.05	2.25		-0.35
YB		4,272	2,036	2,320	3,396	
		7.81	3.72	4.24	6.20	
YA2	3,203					1,309
	6.60					2.70
YA	2,425	1,825	2,171	2,151	1,983	-42
	4.83	3.76	4.48	4.44	4.09	-0.08

梁間方向 （正加力）

	X1	X2	X3	X4	X5	X6
YC	6,060		6,584	5,880		6,177
	10.69		10.35	9.25		10.89
YB		2,817	959	875	3,254	
		5.15	1.75	1.60	5.95	
YA2	2,077					2,046
	4.28					4.22
YA	-1,497	-29	355	301	-193	-1,626
	-2.98	-0.06	0.73	0.62	-0.40	-3.24

梁間方向 （負加力）

	X1	X2	X3	X4	X5	X6
YC	-2,516		-2,864	-2,921		-2,415
	-4.44		-4.50	-4.59		-4.26
YB		5,051	3,436	3,372	4,274	
		9.23	6.28	6.16	7.81	
YA2	2,418					2,511
	4.99					5.18
YA	3,876	3,829	3,959	4,023	4,006	4,006
	7.72	7.89	8.16	8.29	8.26	7.98

(3) 免震部材の接合部の検討

　免震部材の接合部の検討は、「免震部材の接合部・取り付け躯体の設計指針（第 2 版）」[10]に基づき、検討を行いクライテリア以内であることを確認した。

(4) 対津波フェールセーフ機構

　津波被災時における建物の流出防止対策として、フェールセーフ機構の設計例を示す。フェールセーフ機構は、積層ゴムの破断や建物流出の防止に対する水平方向抵抗用と浮力および建物の擁壁衝突による転倒・引抜きに対する鉛直方向抵抗用を検討する。ここでは、水平方向および鉛直方向の抵抗を兼用したフェールセーフ機構としてかん合型 HV ストッパーの検討事例を示す。

　本フェールセーフ機構は免震層上部の梁（1 階梁）の側面にアゴ形状を設け、免震層下部のマットスラブからアゴ付きの RC 柱を立ち上げる形式である。津波を受けた際には梁側面と RC 柱が接触し上下のアゴ形状がかみ合うことにより、過大な水平変形と建物の転倒防止のための鉛直変形も抑える、水平と鉛直の兼用型フェールセーフ機構である。

1) 対津波フェールセーフ機構の目標設定

　本検討で対津波目標性能はランク II とし、積層ゴムの水平ひずみが 300%以下、引張限界ひずみがゴム層厚の 40%以下、引張限界応力度が 1.5N/mm^2 以下に設定する。[4),5),6),11),12)]

2) 対津波フェールセーフ機構の設計用津波荷重

　水平力

　　設計用津波波力（浸水深 h＝6.0m、水深係数 a＝3.0）：Qt＝48,042kN

　　免震部材が負担する水平せん断力：Qi＝13,394kN（γ＝300%）

　　フェールセーフ機構に作用する水平力：Qf＝Qt－Qi＝34,648kN

　引抜力(鉛直力)

　　設計用引抜荷重（引抜側 Total）：N＝10,716kN＝Nf

　　フェールセーフ機構にて作用する鉛直力すべてを負担する。

3) かん合型 HV ストッパーの検討（図 2.4.18）

① アゴ部（上アゴ、下アゴ）の検討

　　鉛直力(引抜き)に対する引抜き抵抗ができるように部材を算定する。

　　寸法：幅 W×アゴ成 h×アゴ長 L＝2,500×500×400mm

　　使用材料

　　　コンクリート：Fc＝30N/mm^2

　　　鉄筋：SD390（主筋），SD295A(せん断補強筋)

　かん合型 HV ストッパーに作用する単位長さあたりの鉛直荷重は、作用する鉛直力 Nf＝10,716 kN をかん合型 HV ストッパー総長さで除した荷重とする。

　　かん合型 HV ストッパー総長さ：1 箇所 2.5m×5 箇所＝12.5m

　　Nd＝10,716／12.5＝857kN/m

曲げの検討

アゴ先端に荷重がかかった場合のアゴ部の根元の曲げ応力に対する検討を行う。

Md＝857×0.4＝343kNm/m

必要鉄筋 at＝343×10^6／390／(430×0.875)＝2,338mm^2

引張側主筋に 4.6-D25 → 5-D25 /m を配筋する。

（1m 幅に 5 本配筋で鉄筋@200mm 程度）

せん断の検討

Qd＝Nd＝857kN/m

τ＝857×10^3／1,000／(430×0.875)＝2.28N/mm^2 ＞ fs＝1.2N/mm^2

必要 Pw＝(2.28－1.20)／0.5／295＋0.002＝0.0093

2,500mm 幅の上下アゴ部に 13-D16@100 程度を配筋する。

② 礎柱の検討

水平力に対する水平抵抗が可能なように部材を算定する。

寸法：幅 W×成 h×高さ H＝2,500×1,200×2,200mm

フェールセーフ機構に作用する水平力：Qf＝34,648kN

かん合型 HV ストッパーに作用する単位長さあたりの水平荷重は、免震基礎（2.0×2.0m）が擁壁にあたる部分の長さとかん合型 HV ストッパー（2.5m×5 箇所）が梁にあたる部分の長さの比に応じて分配されると仮定する。

Qd＝34,648／(2.0×4＋2.5×5)＝1,690kN/m（m長さあたりの応力）

曲げの検討

礎柱単位長さあたりの水平抵抗部＋引抜き抵抗部の曲げに対する検討を行う。

Mdf：検討曲げ

Mh＝Qd×H＝1,690×1.95＝3,296kNm/m

鉛直抵抗部からの曲げを加算

Mdf＝Mh＋Md＝3,296＋343＝3,639kNm/m

Nd：857 kN/m の引張を考慮して柱として断面算定する。

引張側主筋に 11-D38 /m→28-D38 を配筋する。

せん断の検討

τ＝1,690×10^3／1,000／(1,430×0.875)＝1.35N/mm^2 ＞ fs＝1.2N/mm^2

必要 Pw＝(1.35－1.2)／0.5／295＋0.002＝0.0030

2,500mm 幅の礎柱に 6-D13@100 を配筋する。

RC断面　M−N曲線（短期）

B×D   = 1000×1200 （mm）   22-D38
コンクリート強度（Fc）= 30 （N/mm2）
鉄筋長期許容応力度   = 195 （N/mm2）
鉄筋短期許容応力度   = 390 （N/mm2）
鉄筋終局強度倍率（α）= 1.1

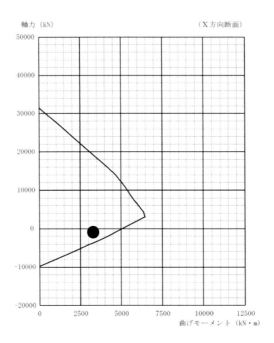

図 2.4.13 礎柱単位長さあたりの断面算定結果

③ アゴ付梁の検討

アゴ付梁にかかる水平力は梁の面外曲げにて両側の直交する基礎梁まで流すものとして検討する。この時、引抜力による曲げは梁のねじり曲げにて対処できるよう検討を行う。

水平力 Qd の作用位置と梁重心との偏心曲げについては、なるべく偏心を生じないように芯を合わせる位置にアゴ位置を調整することが有利であるが、偏心が生じた場合は上記引抜力によるねじり曲げに加算して検討を行う。

また、引抜きにより梁のアゴ部に下向きにかかる荷重によって生じる梁の曲げ応力に対しても確認が必要である。

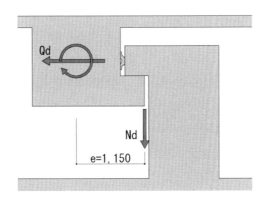

図 2.4.14 アゴ付梁に生じるねじり応力

梁の面外曲げの検討

RC 規準の連続梁の最大曲げモーメント略算式（多スパン）により算定する。

水平力：w＝Qd＝1,690kN/m

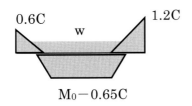

図 2.4.15 梁の面外曲げモーメント

M0＝1,690×(6.4^2－4×1.95^2)／8＝5,440kNm

C＝1,690×(6.4^3－6×1.95^2×6.5＋4×1.95^3)／12／6.4＝3,158kNm

中央部 M－0.65C＝5,440－0.65×3,158＝3,387kNm

内端部 1.2C＝1.2×3,158＝3,790kNm

外端部 0.6C＝0.6×3,158＝1,895kNm

内端部必要鉄筋 at＝3,790×10^6／390／(1,450×0.875)＝7,660mm^2

引張側主筋に 9-D35 を配筋する。

外端部必要鉄筋 at＝1,895×10^6／390／(1,450×0.875)＝3,830mm^2

外端部引張側主筋に 5-D35 を配筋する。

この時、外端部での曲げが大きい場合などは必要に応じて、直交する梁の鉄筋を増すなどの配慮を行う。

　　中央部必要鉄筋 at＝$3,387×10^6$／390／(1,450×0.875)＝$6,845mm^2$

　　引張側主筋に 8-D35 を配筋する。

梁のねじり曲げの検討

　ねじり曲げは以下の 2 つの応力を単純和する。

　　M1：下部アゴ付柱側面からのせん断力 Qd 荷重位置と梁中心までの偏心曲げ

　　M2：引抜力 Nd によるアゴ先端から梁中心までの偏心曲げ

　　かん合型 HV ストッパーの検討による応力より Nd＝857kN/m, Qd＝1,690kN/m

　この時、M1 が M2 と逆向きの偏心曲げとなる場合は M1 を 0 として差し引くことはしない。
今回は偏心が無いようせん断力荷重点と梁中心を合わせたため M1 は 0 とする。

　　M1＋M2＝857×1.15＝986kNm/m

　　Mt＝(M1＋M2)×2,500mm 幅／2＝986×2,500／1,000／2＝1,233kNm を伝達する。

適用範囲の確認

　　Mt ≦4／3×b^2×D×fs＝4／3×$1,500^2$×1,500×1.2×10^{-6}＝5,400kNm　　OK

軸方向筋の必要全断面積

　　A_0＝(1,500－60×2)×(1,500－60×2)＝$1,904,400mm^2$

　　φ_0＝(1,380＋1,380)×2＝$5,520mm^2$

　　at＝Mt×φ_0／(2×sft×A_0)＝$1,233×10^6$×5,520／(2×390×1,904,400)＝$4,582mm^2$

　　→6-D35 程度が必要であることから、上記面外曲げ筋に加えて配筋する。

あばら筋 1 本の必要全断面積

　　at＝Mt×@／(2×wft×A_0)＝$1,233×10^6$×100／(2×295×1,904,400)＝$109.7mm^2$

　　→D13@100（SD295）の配筋

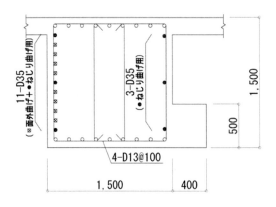

図 2.4.16 ねじり曲げを受ける梁断面図

かん合型 HV ストッパーの配置図と断面図を示す。

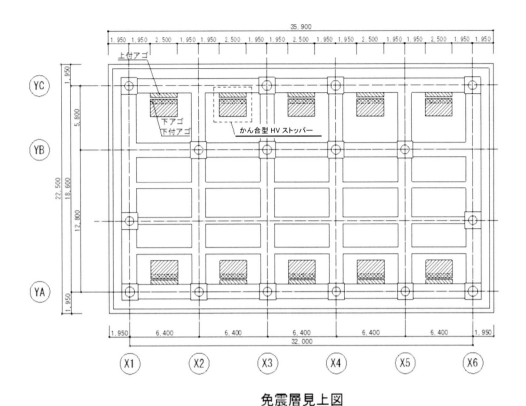

免震層見上図

図 2.4.17 かん合型 HV ストッパーの配置図

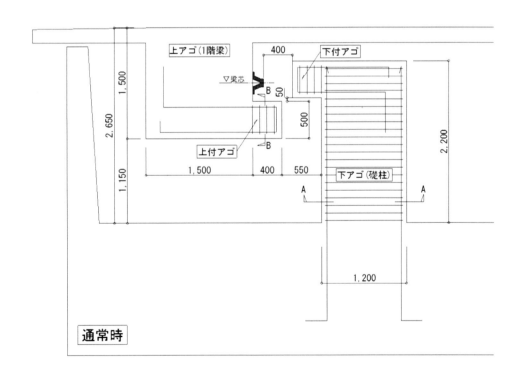

図 2.4.18 かん合型 HV ストッパーの断面図（通常時）
※水平方向は変位量が大きいことから、衝撃荷重を緩和し荷重を
分散化するために防舷材等の緩衝材を設けている。

2-48

図 2.4.19 かん合型 HV ストッパーの断面図（最大水平変形時）

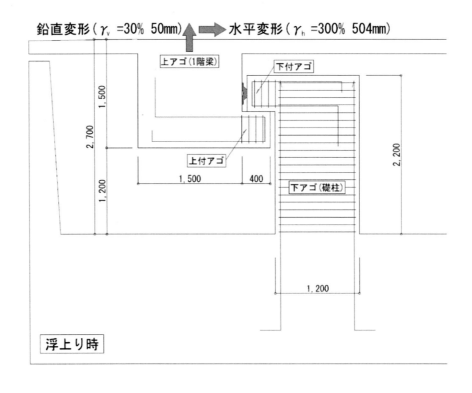

図 2.4.20 かん合型 HV ストッパーの断面図（浮上り時）

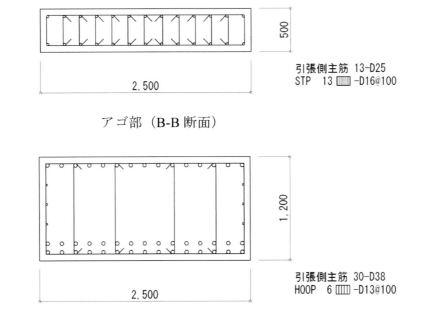

引張側主筋 13-D25
STP 13 ▦ -D16@100

アゴ部（B-B 断面）

引張側主筋 30-D38
HOOP 6 ▦ -D13@100

礎柱部（A-A 断面）

図 2.4.21 かん合型 HV ストッパーの配筋詳細図

使用材料　コンクリート：Fc＝30N/mm²

鉄筋：SD390（主筋），SD295A(せん断補強筋)

本フェールセーフ機構の設置に際しては、以下の事項に留意する必要がある。

- 津波時に擁壁とフェールセーフ機構の併用で免震部材の水平変形を制御する場合において
は、擁壁と上部躯体の水平クリアランスとフェールセーフ機構のクリアランスを同じ
にする必要がある。なお、同時に引抜きが生じる場合、フェールセーフ機構の水平クリ
アランスは免震部材が引抜かれた状態で限界水平変形が決まるため、地震時に設定され
る免震部材の限界水平変形量よりも小さくなることに配慮する必要がある。
- 本設計例では一方向からの津波波力に対する検討としているが、建物の周辺環境によっ
ては二方向からの津波波力も考えられるため、フェールセーフ機構の接触やアゴ形状の
かん合に際しては荷重方向だけでなく、荷重直交方向の変形にも配慮したサイズを考え
る必要がある。
- フェールセーフ機構の目標性能ランクをIとする場合などは、引張限界ひずみがゴム総厚
の 15%程度と考えると、ゴム総厚 160 ㎜などの製品の場合は鉛直クリアランスが 24 ㎜
以下と小さくなる。上下クリアランスを小さく設定する場合はアゴ形状部分の施工精度
を含めたクリアランス間隔の管理に注意が必要である。
- 天然ゴム系積層ゴムの引張限界ひずみは次頁の参考資料を基に検討しているが、鉛プラ
グ入り積層ゴムを使用する場合は天然ゴム系積層ゴムよりも引張限界ひずみが小さい可
能性があるため、文献や実験により引張限界ひずみを確認し鉛直クリアランスを設定す
る必要がある。
- 低層建物など転倒モーメントと浮力の最大値に同時性がある場合は、水平変形する前に
浮力により引抜きが生じる恐れがあるため、アゴ部を通常時からかん合させるなど対策
が必要である。

・直動転がり支承を部分的に使用している場合は、積層ゴム等に比べ軸変形しないため、かん合型 HV ストッパーが作用する前に直動転がり支承に応力が集中することから、免震部材の配置計画や転がり支承取付け部の引抜力の設定に留意する必要がある。

（参考資料）天然ゴム系積層ゴムの引張限界ひずみ
　JSSI 免震部材講習会テキスト「免震材料認定に伴う実大試験資料調査に基づく積層ゴムの限界性能とすべり・転がり支承の摩擦特性の現状」平成 15 年 8 月

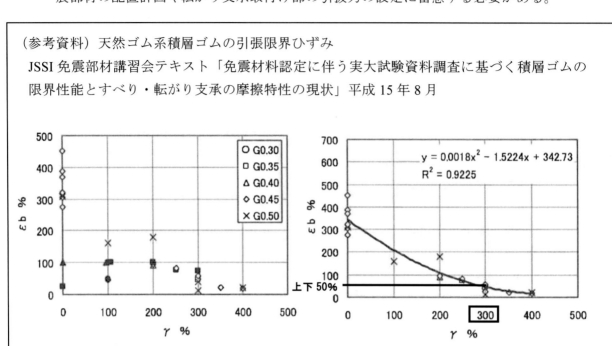

図 2.4.9 せん断ひずみと引張破断ひずみの関係 (1)　　図 2.4.10 せん断ひずみと引張破断ひずみの関係 (2)

2.4.7 基礎構造の検討

(1) 基礎構造に対する津波波力

　杭頭位置の津波波力と地震時の荷重比較（層せん断力、転倒モーメント OTM）を表 2.4.5 に示す。

　杭頭位置で、層せん断力、転倒モーメント共に、桁行・梁間方向で津波波力が大きくなる結果となった。

表 2.4.5 津波波力と地震時の荷重比較（杭頭位置）

	設計せん断力時 （地震荷重時）		津波波力	
	層せん断力(kN)	転倒モーメント （kNm）	層せん断力 （kN）	転倒モーメント （kNm）
桁行方向 （X 方向加力）	15,952	276,402	24,710　（1.55）	254,513　（0.92）
梁間方向 （Y 方向加力）			48,042　（3.01）	494,832　（1.79）

（　）内は地震荷重との比率を示す。

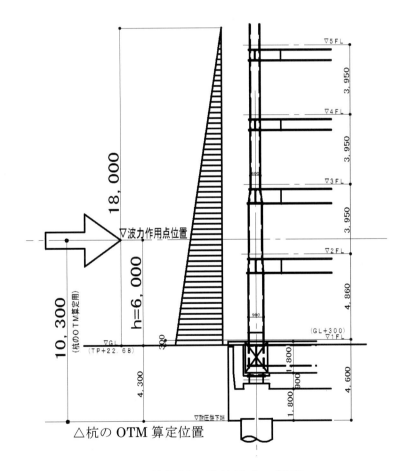

図 2.4.22 杭位置の津波波力の算定

(2) 転倒

津波荷重時の杭頭軸力を表 2.4.6 と表 2.4.7 に示す。

杭頭軸力算定は、津波荷重時の免震部材の支点反力（浮力なし）および、基礎底面の浮力、免震部材の付加曲げ（P-δ、Q-h）を考慮する。安全側の評価として、引張軸力には免震部材の引張剛性による応力再分配は考慮していない。

梁間方向で 2 本の杭が、終局引き抜き耐力を超える（浮き上がる）結果となったが、周辺の杭で示す範囲（ [____] ）の杭で引張力を負担できることを確認した。

表 2.4.6 津波荷重時の各杭の杭頭軸力

X+　　桁方向

	X1	X2	X3	X4	X5	X6
YC	1,856		2,725	2,436		1,164
YB		5,048	2,956	2,005	2,165	
YA2	-633					1,506
YA	-1,300	3,013	3,032	2,346	1,681	1,679

最大　　5,048 kN
最小　　-1,300 kN

X-　　桁方向

	X1	X2	X3	X4	X5	X6
YC	5,096		2,946	2,096		-1,998
YB		3,114	2,007	2,898	3,952	
YA2	3,640					-2,226
YA	3,722	1,975	2,270	2,997	3,061	-1,402

最大　　5,096 kN
最小　　-2,226 kN

Y+　　梁間方向

	X1	X2	X3	X4	X5	X6
YC	8,685		9,289	9,039		8,782
YB		4,645	2,713	2,713	4,868	
YA2	3,286					3,328
YA	-4,986	-4,223	-3,787	-3,833	-4,333	-5,054

最大　　9,289 kN
最小　　-5,054 kN

Y-　　梁間方向

	X1	X2	X3	X4	X5	X6
YC	-6,552		-7,660※	-7,660※		-6,529
YB		5,373	4,734	4,528	4,873	
YA2	2,072					2,071
YA	6,608	6,270	6,384	6,435	6,412	6,792

最大　　6,792 kN
最小　　-7,660 kN

表 2.4.7 杭頭軸力と短期許容支持力

杭軸力	地震時 (kN)	津波荷重時 (kN)		短期許容支持力 (kN)	余裕度
最大杭軸力	10,448	桁行 X	5,048	22,012 （短期許容支持力）	2.37
	11,011	梁間 Y	9,289		
最小杭軸力	-295	桁行 X	-2,226	-7,660 【終局引き抜き耐力】	3.44
	145	梁間 Y	-7,660		1.00※

※：浮き上がる（終局引き抜き耐力を超える）杭位置（2 箇所）を示す。

(3) 滑動

　図 2.4.23 に杭の曲げモーメント分布図を示す。杭の応力算定は、ひび割れ剛性低下を考慮した線形弾性地盤反力法により算定した。図 2.4.24 に杭の短期曲げ相関曲線図に最大曲げモーメント（最大軸力、最小軸力時）をプロットした。杭体は津波波力に対し、梁間方向で杭頭が短期許容応力度を超えるが、終局曲げ耐力以内であることを確認した。

　また、杭体の地中部にヒンジが発生しない（2 点ヒンジとならない）ことを確認した。

　せん断に対しては、終局せん断耐力以下（本検討では短期許容応力度以内）であることを確認した。

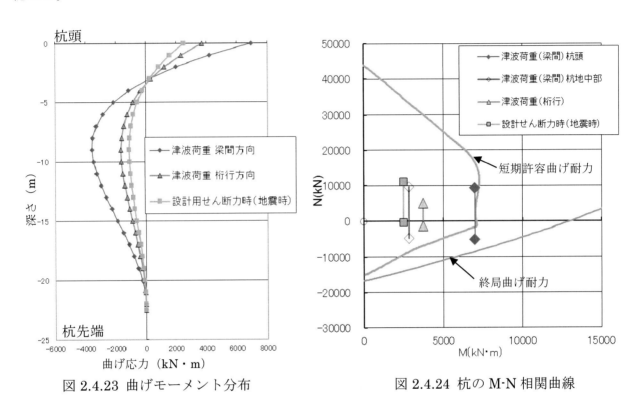

図 2.4.23 曲げモーメント分布　　　　　図 2.4.24 杭の M-N 相関曲線

せん断に対する検討

　地震時の検討では、杭頭 HOOP 筋ピッチを 150mm としていたが、津波荷重時の検討において、杭頭で短期許容応力度を超えるため、HOOP 筋を 150mm→75mm として短期許容応力度以内とした。

　　杭の最大せん断応力 QD＝3,002kN（梁間方向）

　　　　　　　＜　sQA＝3,122kN（HOOP 筋ピッチ 75mm）　　OK

(4) 耐圧盤の検討

　基礎構造は終局耐力以下であることを確認する。通常の耐震設計と同様、杭頭、免震部材の付加曲げを考慮する他、津波荷重時の浮力を考慮する。

耐圧盤の配筋

　　コンクリート Fc＝36N/mm^2　鉄筋 SD490

　　断面：t＝1,800mm　幅 1,800mm（梁型配筋）

　　主筋：上/下端　2段筋　D38@150　　　STP：6-D16@250

断面算定結果

　　・最大曲げ応力 MD＝16,742kNm

　　　　　　　＜　終局曲げ耐力 Mu＝21,236 kNm　　　　OK

　　・最大せん断応力 QD＝4,253kN

　　　　　　　＜　終局せん断耐力 Qu＝7,271kN　　　　OK

津波荷重時の耐圧盤の応力図（曲げモーメント）

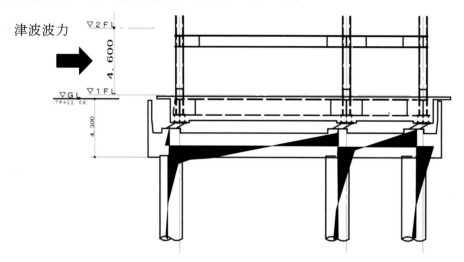

図 2.4.25　津波荷重時　曲げモーメント図（杭位置）
（杭頭、免震部材の付加曲げおよび津波荷重時の浮力を考慮）

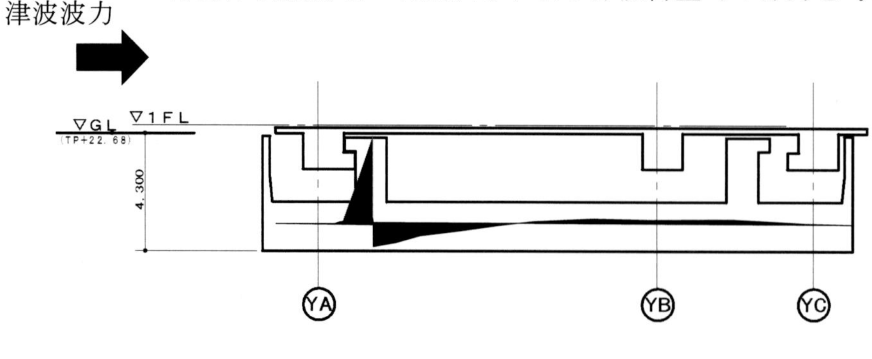

図 2.4.26　津波荷重時　曲げモーメント図
（フェールセーフ機構取り付け位置）
（杭頭、免震部材の付加曲げおよび津波荷重時の浮力を考慮）

参考文献

1) 社団法人　日本免震構造協会：免震建築物の耐震性能評価表示指針及び性能評価例；2005年11月

2) 国土交通省国土技術政策総合研究所：津波避難ビル等の構造上の要件の解説；国土技術政策総合研究資料、No.673、2012年3月

3) 一般社団法人　日本建築学会：免震構造設計指針；p276-277、2013年10月

4) 松村佳考ほか：大サイズ天然ゴム系積層ゴムアイソレーターの引張特性；日本建築学会技術報告集、第12号、pp.53-36、2001年1月

5) 日本免震構造協会ほか：免震材料認定に伴う実大試験資料調査に基づく積層ゴムの限界性能とすべり・転がり資料の摩擦特性の現状；2003年8月

6) ブリヂストン：天然ゴム500φ破断試験結果報告書

7) 伊藤敦ほか：過大変位抑制積層ゴムの開発（その1）開発の背景と装置の概要；日本建築学会大会学術講演梗概集、B-2分冊、pp.429、2014年9月

8) 国土交通省港湾局：港湾の津波避難施設の設計ガイドライン；2013年10月

9) 高畠大輔ほか：津波漂流物の衝突力推定における軸剛性モデル；土木学会論文集、Vol71、pp.1015-1020、2015年

10) 社団法人　日本免震構造協会：免震部材の接合部・取付け躯体の設計指針（第2版）；2014年1月

11) 原子力施設の免震技術の開発（その4〜8、その13〜18、その25）、日本建築学会大会学術講演梗概集（関東）、2015年9月

12) 改訂版　設計者のための建築免震用積層ゴム支承ハンドブック、日本ゴム協会・日本免震構造協会、建築免震用積層ゴム支承ハンドブック編集員会

第3章　参考資料

3.1　各種免震部材を用いた建物の対津波適性検討例

　2種類のモデル建物に対して、免震部材の種類をパラメータとした対津波抵抗力の検討を行い、免震部材毎の津波に対する適性の検討を行う。

　なお、各種免震部材は比較できるように、地震時の免震性能が同一となるよう設定している。

1．検討概要

　各種免震部材の津波に対する抵抗性の検討は、以下の時点の津波荷重および浸水深（水深係数 a=1.5 とする）、等価周期を比較することにより行う。

　　① 免震部材に作用する引抜力が-1N/mm^{2}になった時点

　　② 擁壁に衝突した時点（水平クリアランス 600mm とする。）

　なお、今回の検討では、全ての場合において②の状態で津波抵抗力が決定されている。

　検討方法は、本マニュアルの「第2章　免震建物における対津波構造設計の事例」と同じ手順で行うのでここでは省略する。

2．建物概要

　モデル建物は、文献[1]に示されている以下の2種類の建物を免震化して行う（図 3.1.1）。

　　① RC 造 8 階建て共同住宅（建物高さ 23.77m）

　　② S 造 10 階建て事務所ビル（建物高さ 45.55m）

　免震部材の組合せは以下の4通りに対して行う（図 3.1.2）。

　　① 天然ゴム系積層ゴムと鋼材ダンパーおよび鉛ダンパーの組合せ（以下、NRB+USD+LD）

　　② 鉛プラグ入り積層ゴム（以下、LRB）

　　③ 高減衰積層ゴムとオイルダンパーの組合せ（以下、HRB+OD）

　　④ 天然ゴム系積層ゴムと弾性すべり支承の組合せ（以下、NRB+ESB）

・積層ゴムはせん断弾性率 0.39N/mm^2、ゴム層厚 200mm のものを用いるが、S 造 10 階建て事務所ビルの NRB+USD+LD の場合は、S2=5、せん断弾性率 0.3N/mm^2 のタイプを用いる。

・オイルダンパーについては、津波の速度がダンパーの限界速度を超えてしまう可能性があるため、津波に対する抵抗力はないものとする。

・弾性すべり支承については、浮力による軸力低下の影響を考慮してダンパー量を算出する。

・各種免震部材の性能は、γ=100%時に等価減衰定数を 20%以上確保するよう統一する。

3．検討結果

　図 3.1.3 に免震層の荷重－変形曲線を示す。また、図 3.1.4 に免震部材毎の津波荷重をベースシア係数換算で比較して示す。同様にして図 3.1.5 には浸水深を、図 3.1.6 には等価周期を示す。

　津波に対する抵抗力は、（LRB および NRB+USD+LD）と、（HRB+OD および NRB+ESB）の2 つのグループに分類できる。地震時の性能を統一した場合、前者のグループの方が大きな津波荷重や浸水深に抵抗することができ、津波に対しての抵抗力が高いことが分かった。

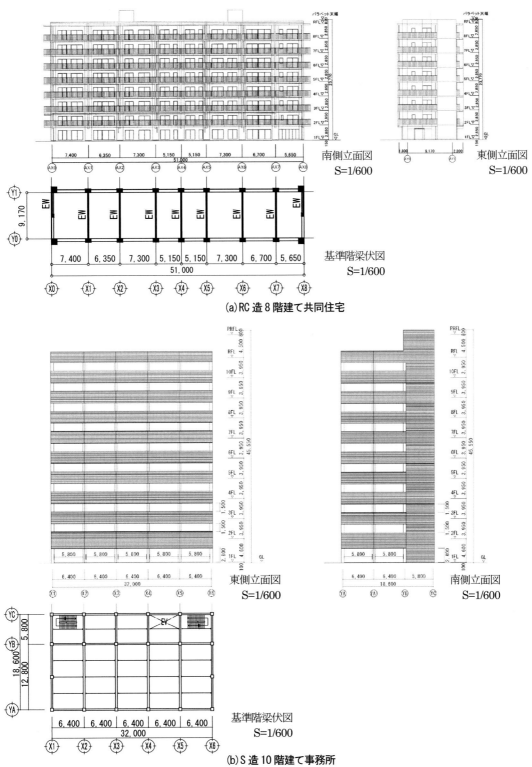

南側立面図
S=1/600

東側立面図
S=1/600

基準階梁伏図
S=1/600

(a) RC造8階建て共同住宅

東側立面図
S=1/600

南側立面図
S=1/600

基準階梁伏図
S=1/600

(b) S造10階建て事務所

図3.1.1　立面図・基準階梁伏図

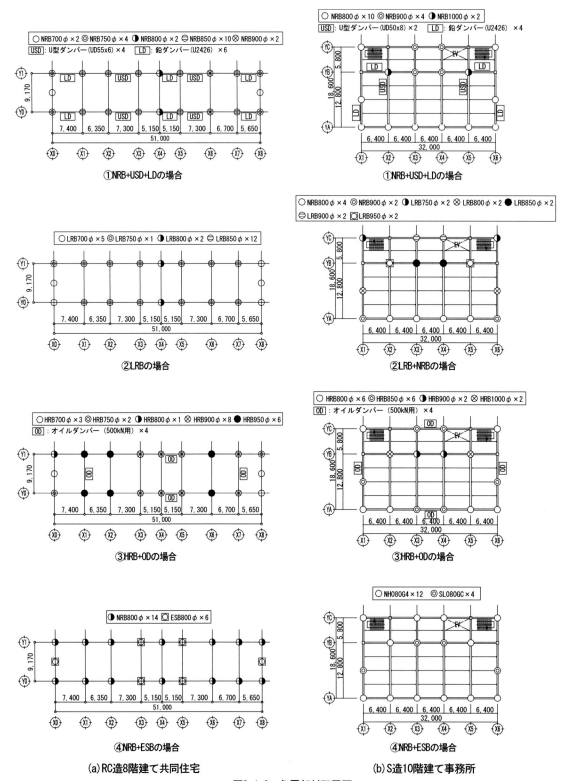

（a）RC造8階建て共同住宅　　　　　　　　　　　　　（b）S造10階建て事務所

図3.1.2　免震部材配置図

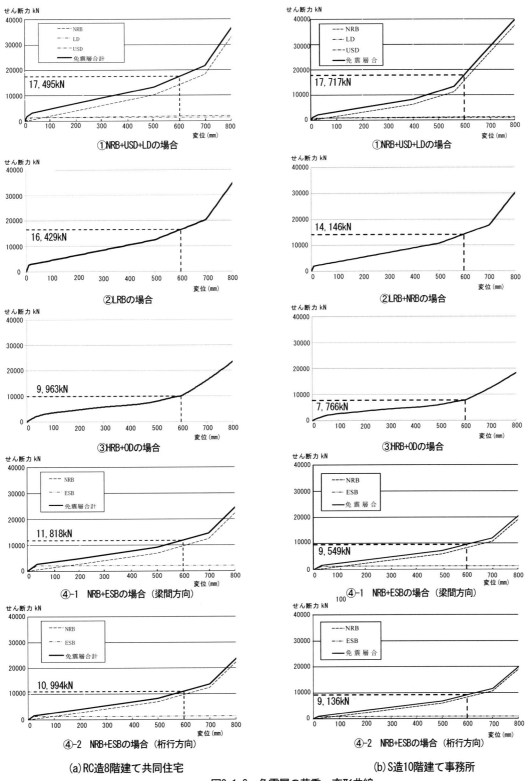

図3.1.3 免震層の荷重－変形曲線

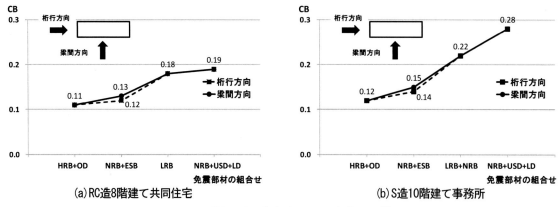

(a)RC造8階建て共同住宅 (b)S造10階建て事務所

図3.1.4　津波ベースシア係数の比較

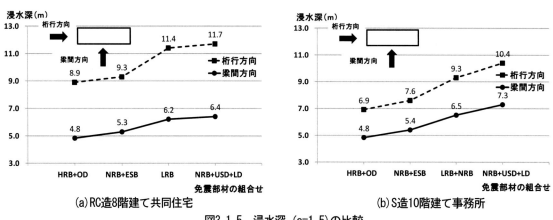

(a)RC造8階建て共同住宅 (b)S造10階建て事務所

図3.1.5　浸水深 (a=1.5)の比較

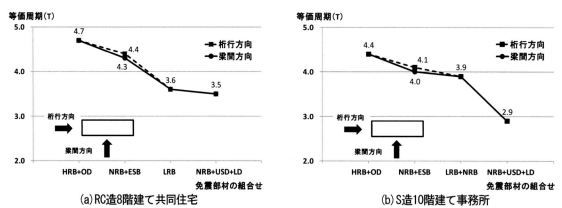

(a)RC造8階建て共同住宅 (b)S造10階建て事務所

図3.1.6　等価周期の比較

3.2 免震部材の対津波性状と課題

免震建物が津波に遭遇した場合に想定される各免震部材の性状および課題を示す。

(1) 支承材

免震部材		積層ゴム [2),3)]	すべり支承 （球面すべり支承）	転がり支承
限界変形	変形量	軸力を考慮した座屈限界曲線による擁壁クリアランス	すべり板寸法 ゴム部の軸力を考慮した座屈限界曲線による 擁壁クリアランス 大臣認定で定める最大限界変形	設計者の設定している限界変形量（レール長）まで稼動可能
	限界状態	座屈又は破断	すべり板からの脱落	ブロック内のボールベアリングの排出による荷重支持能力の低下またはブロックの脱落による荷重支持能力の消失
水没		部材自体の性能には直接的な影響なし フランジやボルトなどの金属部分の錆に対してケアが必要。 （発錆しても補修で継続使用は可）	すべり板上に水がある状態でも性能的にはほとんど問題はないため、部材自体の性能には直接的な影響なし [2)] フランジ（コンケイブプレート）やボルトなどの金属部分の錆に対してケアが必要。（発錆しても補修で継続使用は可） 水没した場合は、真水で清掃し乾燥すれば性能的に問題がなく、荷重支持能力が失われることはない。 水没状態が長期に及んだ場合は、SUSすべり板などの金属部分に錆が発生する可能性があり、また、高軸力化でもスライダーのすべり材（PTFE）の外周部から徐々に浸透し摩擦係数が若干低下する。 浮き上がりが生じるとすべり部に砂や漂流物を挟む可能性があるが、その後の点検での発見、確認が難しい。	部材性能には影響はない。 レールや取付けボルトなどの金属部分に錆が発生する。 水没時に稼動すると、ブロック内への水の浸入が考えられるが、荷重支持能力が失われることはない。 津波による水没の経験はないが、洪水による水没の経験あり。臨時点検を行い、性能に影響のないことを確認している。（取付けボルト等の発錆あり）
その他		大変形経験後のゴムの継続使用に関する状態の判断が難しい。 【天然ゴム系積層ゴム】 軸力を与えて400%変形10分、逆方向荷重にて400%変形10分の繰り返し荷重を与えた実験結果あり。荷重サイクルにもよるが、水平剛性が-4.61〜-43.4%低下する。4日ほどで-20%程度まで回復するがそのまま剛性低下の影響は残る可能性が高い。400%変形で引張りがかかった状態であると破断の可能性もあり。 【鉛（錫）プラグ入り、高減衰積層ゴム】 現時点で大変形保持の試験結果はない。 天然ゴム系積層ゴムと性状が異なる可能性がある。 鉛や錫などが封入されている場合は、海水等浸入の判断が難しい。	浮き上りによる異物挟み込みを防ぐため、設計的に浮力を考慮しても浮き上りが生じないような配慮などが必要ではある。	大臣認定取得時の性能確認試験により、発錆による摩擦係数の試験を行っている。 水没した際の浮力に対しても限界引張荷重以下であれば抵抗可能で、水平性能も確保できる。 浸水時の稼動により水を巻き込む可能性がある。
課題		・大変形経験後のゴムの継続使用 ・津波荷重を想定した装置実験例が少なく、性状把握自体が困難。津波によって想定される実験荷重・条件などが整理されないと実験例が増えない。 ・鉛（錫）入り積層ゴム、高減衰積層ゴムの大変形保持性状が不明	・浮上りによる異物挟み込み （津波による浮き上がりや水平移動の対策）	・浸水状態での可動状況

3-6

(2) 減衰材（その１）

免震部材	オイルダンパー[4), ※1]		減衰こま	U型鋼製ダンパー[5]
限界速度	安全率 1.5 を考慮しているが、性能保証は出来ない。	安全率 1.4 を考慮している。限界速度 150cm/s	限界速度 150cm/s として性能保証範囲としている。	限界速度の規定なし 速度依存性試験では、16〜36cm/s で実施
限界変形 — 変形量	ストローク限界を超えると破損する可能性	ストロークオーバーすると吸込弁部が損傷し、減衰力が発生しなくなる可能性	ねじ軸の座屈または速度増幅部での破損する可能性	破断までの繰返し回数が 5 回以上となる変形量（告示 H12 年 1446 号）0°方向は 1.1〜1.2 倍の変形能力あり（但し、ロッド取付部や接合部の塑性化）
限界変形 — 限界状態	ロッドとピストンのネジ接合部分やシリンダーヘッドのネジ接合部分が破損する可能性	吸込弁部が損傷、破損し、ダンパー取付ボルトが破損する可能性	ねじ軸が抜け出し、破損する	ロッドの破断 取付部や躯体接合部の破損
水没	短期間（約 1〜2 年）程度の水没ならば特性の変化は無く使用出来るが、錆が発生する可能性があり、早期の点検・交換を推奨。ロッドの錆によりシールが破損し、油漏れを起こす可能性有り。※海水没実績あり[3]	試験などは実施していない。水没した後オイルダンパーが作動しなければ、水没した水がオイルダンパー本体内に入り込むことはない。錆の発生する可能性があり、早期の点検・交換を推奨。浮上りに対しては、両端クレビスの追従できる。	粘性体注入部から水が浸入し、減衰性能に影響がある可能性あり。（粘性体の方が水よりも若干比重が軽い 0.977）速度増幅部に水が浸入する可能性があるが、減衰性能に影響はほとんどない。各部の錆の発生については臨時点検により確認が必要となる。ねじ軸部から内部に水が浸入し、ボールねじを含めて発錆する可能性が高く、オーバーホールを推奨。	金属部品の構成であるため、エネルギー吸収能力に直接的な影響なし 通常より早期に錆が生じる可能性があるが、定期点検間隔で深刻な発錆の可能性は低い。（発錆しても補修で継続使用は可能）
課題	・ダンパー限界速度を超える可能性がある。・オイルダンパー自体の機械的な限界荷重は限界速度での荷重となる。		・ダンパー限界速度を超える可能性がある。・水没時の水の浸入とそれによる減衰力の変化に対する確認は行われていない。	・津波荷重による大変形時の変形能力が明瞭でない・大変形時の履歴では数回で限界に達する可能性が高く、地震による揺れの後、津波の押し引きにより破断する可能性がある。・現時点で限界変形 ※以上の破断回数・吸収エネルギー試験は行われていない。※限界変形：破断までの繰返し回数が 5 回程度となる変形・速度依存性は非常に小さいため、影響は小さいと考えられるが、国内に津波速度を再現できる試験機がないため検証は困難である。

※1　オイルダンパーは製品毎に異なるため併記した。

(3) 減衰材（その2）

免震部材		鉛ダンパー	摩擦ダンパー[6)]（摩擦皿ばね支承）	摩擦ダンパー（回転摩擦ダンパー）	粘弾性ダンパー
限界速度		限界速度の規定なし。	限界速度の規定なし。速度依存性試験では、100～600mm/sec で実施	限界速度の規定なし。	限界速度の規定なし
限界変形	変形量	材料認定上の限界変形量は以下のとおり。U180 型　600mmU2426 型　800mm静的一方向加力時の最大荷重時の変位（告示 H12 年 1446 号）	限界変形 1000mm 以下としてすべり板の外形辺長を定めている。免震クリアランスが一般的な免震建物と同様（50～60cm 程度）の場合は問題ない。限界変形以内であれば、点検・補修とすべり板の清掃などにより復旧可能である。限界変形を超えると、すべり材はすべり板から外れるため、ナットの締め付けによる復旧や要領に基づき取替えが必要となる。	限界変形は 600mm と設定されているが、670mm までは締め込みボルトがせん断変形することで変位可能。（締め込みボルトの強度限界は検証済）	限界変形量 330mm（限界ひずみ 500%）
	限界状態	鉛部の破断	限界変形を超え、すべり材がすべり板から外れた状況で、反対方向（戻し）の水平外力を受けると、装置がすべり板の基礎に引っかかり取付ボルトが破損する可能性がある。	同上	粘弾性体が破断
水没		鉛ダンパーの性能には直接的な影響はないフランジやボルトなどの金属部分に錆の発生する可能性があり、早期の点検・交換を推奨。浮上り時は鉛直方向の変位に追随する。	浮上りに対しては、皿ばねのストローク分までは圧縮力が保持されてすべり材とすべり板が密着しており、砂や漂流物の挟み込みの可能性は少ない。摺動部（すべり材とすべり板の接触面）に水が浸入すると、摩擦係数が低下して減衰性能に影響があるが、乾燥すれば摩擦係数は復元する。防錆・潤滑塗装を施しているが、早期の点検・補修とすべり板の清掃を推奨。	浮上りに対しては、ダンパーの機構上、数 cm 程度であれば鉄部が変形して追従できると考えられるが、塑性変形した場合は交換する。浸水は、摩擦面に圧力がかかった状態なので水の侵入はないと考えられる。浸水後の鉄部の錆は、発錆が直接的にはダンパー動作の障害にはならない。発錆を放置することで断面欠損が生じる可能性はあるので、早期の点検・防錆処置が必要。	鉛直方向のダンパー取付位置精度として、粘弾性体厚さが工場出荷時±3mm 以内、傾斜 1/200 以内で施工する必要があるため、浮上りに伴う鉛直方向変形は上記範囲（施工時の変形を含む）であれば許容できる。（浸水により粘弾性体の物性変化や鋼材との接着強度が低下する可能性があるが、水没を想定した試験は未実施）鋼材の錆の発生する可能性があり、早期の点検・交換を推奨。
課題		・変形の繰り返しで破断する可能性がある。・限界変形を超える繰返し変形に対する性能の確認は行われていない。	・津波荷重による免震建物の大変形時の応答性状が明確でない。・津波を受ける建物速度相当に対する限界速度の試験データが無い。（国内に津波速度を再現できる試験機がないため検証は困難である）	・すべり材を湿潤させた実験データなどがない。	・水没を想定した試験は実施していない。

(4) 支承材・減衰材の共通課題

　津波に対する免震部材の特性を把握するために試験等により性状を確認する必要がある。

　・すべり支承の浮力時減衰力の低下

　・オイルダンパーの限界速度以上の性状

　・大変形時の変形能力

　・大変形の繰返し回数

　・大変形経験後の性能変化　　など

3.3 免震建物の対津波フェールセーフ機構の事例

形式	擁壁衝突	チェーン形式	鋼材形式
種類	水平抵抗	水平抵抗	水平抵抗
イメージ図			
考え方	地震時設計クリアランスを超える変形に対して、地下擁壁に衝突して変形を抑制する。	免震部材に過大な変形が加わらないように、チェーンにより変形を抑制し、建物の流出を防ぐ。	免震部材に過大な変形が加わらないように、鋼材をコの字またはロの字型に組合せて変形を抑制し、建物の流出を防ぐ。
特徴	特に新たな基礎を設けることなく、建物外周に配置される擁壁を補強を行い利用する。	土木で実績のある落橋防止装置。瞬間的な引張荷重が作用した場合のクッションとしてゴム被覆された部分がある。	上部構造と下部構造をつなぐ非常にシンプルな結合方式。建物の地震時転倒防止ではあるが、実際の建物での実施例あり。
課題	擁壁背面のバネの評価が難しい。	取付け部のディテールが直交方向に対しても効果があるように工夫が必要。ゴム被覆部分は最大 50mm 程度変形するため、免震部材の変形の設定が難しい。	地震時変形まで機能させないとすると、比較的大きな鉄骨架構となる。

衝突前　　　　　　　　　　衝突後

写真 3.3.1　免震ピット用緩衝材の事例

形式	変形抑制形式		
	ソフトランディング形式	多段積層ゴム形式	積層ゴム付加形式
種類	水平抵抗	水平抵抗	水平抵抗
イメージ図			地震時応答範囲
考え方	免震部材が大きな変形をした際に、沈み込みにより滑り板が接触し、摩擦力を発生する。その摩擦力により、変形を抑制し、建物の流出を防ぐ。	免震部材が大きな変形をした際に、徐々に免震層の剛性を大きくしていき、過大な変形を抑制し、建物の流出を防ぐ。	免震部材が大きな変形をした際に、一定以上の変形が生じてから水平剛性が付加され、過大な変形を抑制し、建物の流出を防ぐ。
特徴	免震部材の大変形時に沈み込むことにより摩擦が効き始める。地震時の大変形抑制に対しても解析的に対応が可能と考えられる。	接触を段階的に設定しているせん断リングとダボにより、免震層の水平剛性を段階的に高くしている。解析的に取り扱いやすい。	免震部材上部にクリアランスを有するせん断キーを設けており、一定以上の変形が生じた場合に水平剛性を付加できる。解析的に取り扱いやすい。
課題	津波荷重に対しては、接地による摩擦が浮力の影響により変化してしまう。	この材料のハードニングが始まっても、免震部材の変形は伸びる。地震時変形まで機能させないとすると非常に大きな装置となる。または、地震時から性能を取り入れて設計を行う。	地震時の免震性能に影響を与えないよう、地震時の免震層の最大応答変位に応じたクリアランスの設定に注意が必要である。または、地震時から性能を取り入れて設計を行う。

形式	ワイヤー・ケーブル形式	かん合型 HV ストッパー	鋼材形式
種類	水平抵抗	水平・引抜き抵抗	水平・引抜き抵抗
イメージ図			 緩衝材 ▽免震層SL
考え方	免震部材に過大な変形が加わらないように、ケーブル等により変形を抑制し、建物の流出を防ぐ。	地震時設計クリアランスを超える変形に対して、免震層に構築したRC壁に衝突して変形を抑制する。	免震部材に過大な変形が加わらないように、鋼材をコの字またはロの字型に組み合わせて変形を抑制し、建物の流出を防ぐ。
特徴	土木で実績のある落橋防止装置。 ワイヤーの場合は、ばねの併用により瞬間的な引張荷重を和らげることが可能。 ケーブルの場合は、複数の輪をつなぐことで、自由に設定した変形で抑制できる。	免震層下部にRC壁を構築し、1階梁下端に設けたあご型と噛み合わせることで浮上りに対しても抵抗する。 RCであるため、施工も容易である。	上部構造と下部構造をつなぐ非常にシンプルな結合方式。 鉄骨材料であるため、計算も取り込みやすい。 建物の地震時転倒防止ではあるが、実際の建物での実施例あり。
課題	ワイヤーの場合は、一方向性の材料であるため、設置数が多くなる。 ケーブルの場合は、方向性はないが、地震や津波の際に絡まない工夫が必要となる。	引抜き力が生じる場合は、適切な鉛直クリアランスを確保する施工精度が必要となる。	地震時変形を許容するとなると、比較的大きな鉄骨架構となる。

3.4 漂流物の事例と対策

　東日本大震災時おいて発生した津波に伴う漂流物（木材や自動車、瓦礫など）が新たな凶器（外力）となって建築物に衝突し、外壁に大きな開口が生じることや構造躯体に大きな損傷を与えたことは忘れてはならず、建築物・機器等への衝突可能性が考えられる場合には、津波時の漂流物挙動について把握し対策検討することが望ましいと考えられる。

　従来の津波対策は海岸部における防潮堤等の整備が主体で、津波の陸域への流入を防ぐことが目的であるが、その整備に要する費用が大きく、かつ整備期間が長いことが課題となっている。そのため、簡易的な構造でコスト縮減と整備期間の短縮化を可能とした津波漂流物対策施設を採用している事例が多くなってきている。

　具体的な事例として図 3.4.1 および写真 3.4.1 に示すような津波による漁船や車などの漂流物を止めるための津波バリアー（釧路市の呼称で津波スクリーン）の計画は 2005 年から進められ、2007 年 6 月に全長 140ｍの一部約 40ｍが釧路川河口付近の岸壁に国内で初めて完成し、最近では仙台港を囲むように総延長 4 キロに及ぶ国内最大級の巨大フェンスの設置が 2018 年春に完成した。

　津波漂流物対策施設とは、小型船舶、車、コンテナ、木材など津波によって漂流物となり得る対象に合わせて支柱と捕捉スクリーンを適切に配置することにより、支柱に漂流物が衝突して損傷を受けた場合でも、構造物全体としては破壊せず、漂流物を捕捉し二次的な災害の拡大を防ぐ減災技術である。

　津波漂流物対策施設が用途条件等で当該地における対応として困難な場合は、柱の一部が破壊しても、当該柱が支持していた鉛直荷重を他の柱で負担することにより、建築物が 容易に倒壊、崩壊等しない構造とすることが望ましいと考えられている。

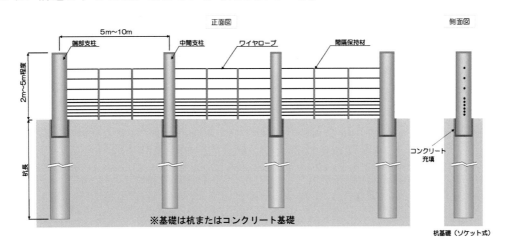

図 3.4.1 津波バリアー標準図例（高潮・津波バリアー研究会）

写真 3.4.1 津波バリアー設置事例（高潮・津波バリアー研究会）

3.4.1　漂流物衝突力算出に関する既往の研究

　漂流物の衝突力については、木材やコンテナを対象とした各種算定式が提案されているものの、現状では十分に解明されていない点が多く、検証・実用例が限定的であり、定量的評価手法が確立されていない。したがって、漂流物による衝突力の算定にあたっては、漂流物の種類や漂流・衝突の状態等の各算定式の前提条件を吟味したうえで用いることが望ましい。

　漂流物の流出条件においては既往の研究で国土交通省水管理・国土保全局が実施した津波シミュレーション[7]では、表 3.4.1 に示すように車両、木材、コンテナ、船舶および養殖資機材を代表的な漂流物として取り扱っている。車両、木材およびコンテナについては、陸上に位置しているため、津波による浸水深が所定の高さを越えた時点で流出が開始するものと定義している。一方、船舶および養殖資材機材については、水域に位置しているため、津波による流速が所定の値を超えたときに流出が開始するものとしている。また、流出に至った漂流物は、津波の作用時間が十分に長い場合、津波の流速に近い速度で漂流すると考えられている。

　津波漂流物における衝突力に関する既往の研究を表 3.4.2 に示す。まだ津波漂流物における研究は発展途上ではあるが、電力中央研究所の所有する「津波・氾濫流水路」（平成 26 年世界で初めて導入）により、陸上遡上津波の特徴を大規模かつ適切に再現した実験による検討が可能であり、自動車や木材等の衝突体を漂流・衝突させる実験を実施し、貴重な実規模データを蓄積することにより衝突力評価技術における研究のさらなる発展が望まれる。

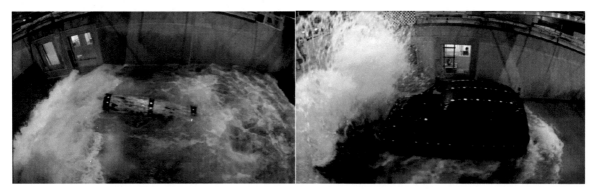

写真 3.4.2　漂流物の衝突力評価試験の事例[7]

表 3.4.1(1)　漂流物の流出条件 [8]

分類	種別	流出条件
車　両	普通車 トラック	 出典：「利根川の洪水（須賀尭三監修・利根川研究会編，1995 年）」 「利根川の洪水（須賀尭三監修・利根川研究会編，1995 年）」を参考に水位の変化として次のように設定する。 　流出開始　：　h ≧ 0.5m 　停　　止　：　h < 0.5m
	トレーラー，シャーシ	 トレーラー，シャーシの移動は，台車までの高さを 1m と設定し，台車の高さにコンテナの流出条件（空コン）を加えたものとする。 　例）　流出開始　1.00m+0.43m=1.43m≦h 　　　　停　　止　1.00m+0.43m=1.43m>h
木　材	梱包材（製材）	木材は，仙台港の梱包材（9cm×9cm 角材，13 本×8 本の梱包製材）を対象とする。また，流出開始条件は，木材の高さ以上となる場合とする。 　流出開始　：　h ≧ 木材の高さ 　停　　止　：　h < 木材の高さ

表 3.4.1(2)　漂流物の流出条件 [8]

分類	種別	流出条件		
コンテナ	空コンテナ 実入りコンテナ			

コンテナの流出条件の表：

段積み数	空コンテナ	実入りコンテナ （国内）	実入りコンテナ （国際）
平積み	0.43m	0.62m	1.20m
2 段積み	0.60m	0.88m	1.70m
3 段積み	0.74m	1.08m	2.08m
4 段積み	0.85m	1.24m	2.40m

コンテナの流出条件は、「水谷法実ほか（2005），エプロン上のコンテナに作用する津波力と漂流物衝突に関する研究，海岸工学論文集，vol.52，p.p741-745」をもとに算出したコンテナの移動限界を適用する。

実入りコンテナについては，平成 17 年度の仙台港のコンテナ取扱で外国貿易が全体の 64% であることから、国際コンテナを対象とする。コンテナヤードにおけるコンテナの段数は空コン，実入りともに 3 段積みとする。流出後は平積みの条件で停止，再流出するものとする。

分類	種別	流出条件
船　舶	大型船（港湾船舶） 漁船（中・大型漁船） 漁船（小型漁船）	「日本海北部海域における津波発生時の港湾在泊船舶の安全対策に関する調査研究」より，4m/sec を超える場合に船舶の係留索破断が始まるものとして，総トン数に応じて流速が 4〜8m/sec で船舶が流出するものとする。 また，流出後の停止条件及び再流出条件は水深または水位が喫水以上の場合は移動し，喫水未満となる場合は，移動しないものとする。 係留索（スプリング）破断の水位上昇・流速限界
養殖資機材	養殖棚	「永野修美ほか（1989），数値計算による沿岸域でのチリ津波の再現性，海岸工学論文集，vol.36，p.p183-187」より，流速が 1m/sec 以上となる場合に養殖筏の被害が出始めるものとし，計算における流速値が 1m/sec 以上となる場合に流出開始とする。

表 3.4.2 津波漂流物における衝突力に関する既往の研究

No.	提案者 出典	対象		衝突力 F の評価式
		漂流物	被衝突物	
1	松冨 [9]	流木	一般構造物	$\dfrac{F_1}{\gamma D^2 L} = 1.6 C_{MA}\left\{\dfrac{v_{A0}}{(gD)^{0.5}}\right\}^{1.2}\left(\dfrac{\sigma_f}{\gamma L}\right)^{0.4}$ D, L ：流木の直径、長さ σ_f ：流木の降伏応力 γ ：流木の単位体積重量 C_{MA} ：見かけの質量係数 v_{A0} ：衝突速度
2	池野ら [10]	流木等	一般構造物	$\dfrac{F_1}{gM} = S \cdot C_{MA}\left\{\dfrac{V_H}{(g^{0.5}D^{0.25}L^{0.25})}\right\}^{2.5}$ D, L ：漂流物の代表高さ、長さ S ：係数 C_{MA} ：付加質量係数 v_H ：段波流速
3	水谷ら [11], [12]	コンテナ	一般構造物	$F_1 = 2\rho_w \eta_m B_c V_x{}^2 + \dfrac{WV_x}{gdt}$ B_c ：コンテナ幅 W ：コンテナ重量 dt ：衝突時間 η_m ：最大遡上水位 ρ_w ：水の密度 V_x ：漂流速度
4	有川ら [13], [14]	流木 コンテナ	コンクリート	$F_1 = \gamma_p \chi^{2/5}\left(\dfrac{5}{4}\tilde{m}\right)^{3/5} v^{6/5}$ $\chi = \dfrac{4\sqrt{a}}{3\pi}\dfrac{1}{k_1+k_2}$ ，$k = \dfrac{1-v^2}{\pi E}$ ，$\tilde{m} = \dfrac{m_1 m_2}{m_1+m_2}$ a ：衝突面半径の 1/2 γ_p ：塑性による減衰効果 v ：衝突速度
5	FEMA [15]	一般構造物	一般構造物	2008 年版： $F_1 = C_m u_{max}\sqrt{km}$ 2012 年版： $F_1 = 1.3 u_{max}\sqrt{km(1+c)}$ k ：漂流物の有効剛性 C_m ：付加質量係数 c ：水力学的質量係数 u_{max} ：最大流速

3.5 津波浸水地域における既存免震建物調査

3.5.1 はじめに

2011 年 3 月 11 日に発生した東北地方太平洋沖地震の影響により津波が生じた。これにより、日本の津波に対する危険度の認識の甘さや対策不足が露呈した。

この地震による津波被害を受け、2011 年 12 月に津波防災地域づくりに関する法律が施行、2012 年 2 月には津波避難ビル等の構造上の要件が公表されるなど、各省庁や地方自治体では様々な津波対策が積極的に行われている。このように様々な対策や研究が行われている一方で、津波に対する免震建物の安全性は未だ不明確である。近年南海トラフ地震等の津波を伴う大地震の発生が懸念されていることも考慮すると、津波に対する免震建物の安全性を早急に確認する必要があると考える。また、現在日本全国には 4000 棟を超える免震建物が建設されている。しかし、津波浸水予想地域と免震建物の関係については整理されておらず、津波を伴う大地震発生時の免震建物の津波被害予想を把握できていない。

このような背景から、文献 17) では大地震により発生する津波により浸水が予想される免震建物の情報や棟数を調査し、津波に対して免震建物がおかれている状況を把握することを試みている。1987〜2014 年に刊行された「ビルディングレター」より、1450 棟の免震建物情報を収集し、南海トラフ地震を想定した際の津波により浸水が予想される免震建物が 62 棟存在することが確認されている。さらに、文献 17)では、南海トラフ地震以外の地震、例えば相模トラフ沿いの巨大地震によって生じる津波なども対象として免震建物の津波浸水予想が行われている。なお、津波浸水予想は各都道府県で設定されている最大クラスの津波が対象となっている。本章では、文献 17) の内容を紹介する。

3.5.2 既存免震建物情報の収集

「ビルディングレター」に掲載された性能評価シートを用いて、全国の免震建物の情報を収集した。1987〜2017 年 6 月に刊行された性能評価シートより、全国に建設されている免震建物のうち、1631 棟の免震建物の情報を収集した。図 3.5.1 にその位置情報を示す。免震建物は東京都や大阪府などの主要都市に集中しており、海岸付近や過去に震災の被害を受けた地域にも相当数建設されていることがわかる。

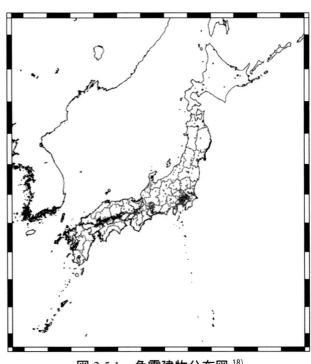

図 3.5.1　免震建物分布図 [18)]

3.5.3　L2津波を想定した際の津波浸水予想

　ここで、津波対策を検討する際に想定する津波のレベルとして、発生頻度は極めて低いものの、発生すれば甚大な被害をもたらす津波として設定される最大クラスの津波(以下、L2津波)[18]がある。L2津波は、都道府県毎に想定されている。そこで、前節で得た建物情報と、各都道府県が公表する津波浸水想定を用いて、L2津波を想定した際の津波浸水予想を行う。その手順を以下に示す。

① 既存免震建物情報の収集で得た建物所在地を地図上で確認する。

② 各都道府県が公表している津波浸水想定を確認する。

③ ①と②の結果を比較し、各免震建物の浸水の有無と浸水深を確認する。なお、津波浸水想定における予想浸水深のメッシュが大きく、浸水深を明確に判断できない場合は、予想浸水深が大きい値を採用する。

　収集した1631棟のうち、71棟の基礎免震建物および8棟の中間層免震建物が津波によって浸水する予想となった。8棟の中間層免震建物は、予想される浸水深では免震層は浸水しないと予想される。図3.5.2に各都道府県の免震建物棟数およびL2津波を想定した際の津波により浸水が予想される免震建物棟数、図3.5.3に各基礎免震建物において予想される浸水深、図3.5.4に建物用途別浸水深を示す。なお、図3.5.2の図中の数字は免震建物棟数、(　)内にはそのうちL2津波により浸水が予想される免震建物棟数を示す。

　71棟のうち、約3/4の建物が2m以下の浸水深となるが、一方で約1/4にあたる18棟の建物は2m以上の浸水深となることが予想される。また、浸水する建物用途は多岐に渡っている。今回調査した1631棟の免震建物においては、特に居住施設、業務施設、医療保険施設が多く浸水する予想となった。図3.5.5に浸水予想棟数が多かった建物用途について浸水深をまとめたものを示す。いずれの用途においても2m以下の浸水深が大半であったが、2mを超える浸水が予想される建物が各々の用途で存在していることがわかった。

3.5.4　まとめ

　本章では、既存免震建物の情報収集を行い、免震建物が海岸付近にも建設されていることを確認した。また、発生頻度は極めて低いものの、発生すれば甚大な被害をもたらす津波として設定される最大クラスの津波(L2津波)を想定した際の津波浸水予想を行った。L2津波を想定した場合には、浸水する可能性のある免震建物が確認された。

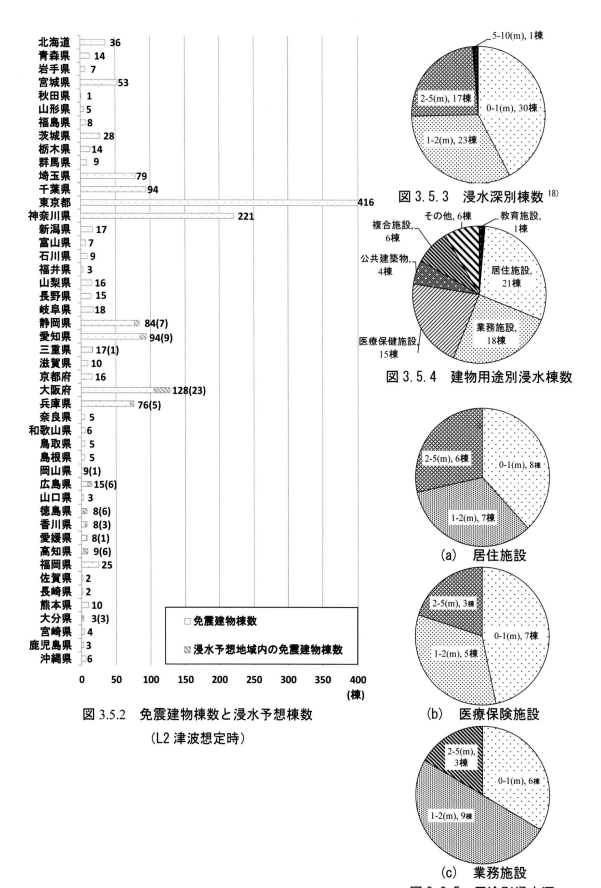

北海道 36
青森県 14
岩手県 7
宮城県 53
秋田県 1
山形県 5
福島県 8
茨城県 28
栃木県 14
群馬県 9
埼玉県 79
千葉県 94
東京都 416
神奈川県 221
新潟県 17
富山県 7
石川県 9
福井県 3
山梨県 16
長野県 15
岐阜県 18
静岡県 84(7)
愛知県 94(9)
三重県 17(1)
滋賀県 10
京都府 16
大阪府 128(23)
兵庫県 76(5)
奈良県 5
和歌山県 6
鳥取県 5
島根県 5
岡山県 9(1)
広島県 15(6)
山口県 3
徳島県 8(6)
香川県 8(3)
愛媛県 8(1)
高知県 9(6)
福岡県 25
佐賀県 2
長崎県 2
熊本県 10
大分県 3(3)
宮崎県 4
鹿児島県 3
沖縄県 6

□ 免震建物棟数

☒ 浸水予想地域内の免震建物棟数

0　50　100　150　200　250　300　350　400
(棟)

図 3.5.2　免震建物棟数と浸水予想棟数

（L2 津波想定時）

5-10(m), 1棟
2-5(m), 17棟
0-1(m), 30棟
1-2(m), 23棟

図 3.5.3　浸水深別棟数 [18]

その他, 6棟
複合施設, 6棟
公共建築物, 4棟
教育施設, 1棟
居住施設, 21棟
医療保健施設 15棟
業務施設, 18棟

図 3.5.4　建物用途別浸水棟数

2-5(m), 6棟
0-1(m), 8棟
1-2(m), 7棟

(a)　居住施設

2-5(m), 3棟
0-1(m), 7棟
1-2(m), 5棟

(b)　医療保険施設

2-5(m), 3棟
0-1(m), 6棟
1-2(m), 9棟

(c)　業務施設

図 3.3.5　用途別浸水深

3.6 津波避難ビル等に係るガイドライン（旧ガイドライン）

平成 17 年に津波からの一時的な避難のための施設の確保を進めるために内閣府から「津波避難ビル等のガイドライン」が作成されたが、平成 29 年に津波防災対策として各種規定等と津波避難ビル等の関係が整理され「津波避難ビル等ガイドライン」（以下、「旧ガイドライン」という）が廃止[19]された。

本マニュアルは、「旧ガイドライン」を参考に作成を進めてきたため、旧ガイドラインと現状について確認した。

図 3.6.1 に旧ガイドラインと現在の参照先等が内閣府より示されている。

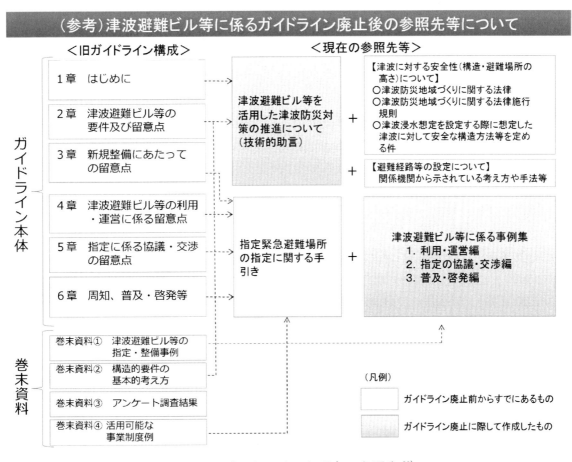

図 3.6.1 旧ガイドラインと現在の参照先[20]

現在の参照先を確認したが、本マニュアルに対して影響のある項目は見受けられなかった。

資料や情報をご提示いただきましたメーカーおよび団体、協会にはご協力頂き感謝いたします。

参考文献

1) 国土交通省国土技術政策総合研究所：津波避難ビル等の構造上の要点の解説、国土技術政策総合研究資料 No.673、2012.3

2) 石田他 ：津波荷重を想定した天然ゴム系積層ゴムの加力実験―その1 津波荷重の作用シナリオと実験概要―，金谷他，―その2 実験結果―；日本建築学会大会学術講演梗概集 2013年8月

3) 昭和電線デバイステクノロジー技術資料：積層ゴムおよび弾性すべり支承水没の影響について

4) 小川他：東北地方太平洋沖地震による津波被害を受けた免震建物に関する調査 ―その3 オイルダンパーの状況―；日本建築学会大会学術梗概集 2013年8月

5) 鈴木他：免震U型ダンパーに関する実験的研究 その3 速度・温度依存性；日本建築学会大会学術講演梗概集 2000年9月

6) 日本建築学会構造系論文集 第510号，75-82，1998年8月 「皿ばねを用いた免震用摩擦ダンパーの復元力特性に関する実験的研究」

7) 電力中央研究所；大規模水理実験による津波フラジリティ評価手法の高度化（その2）－津波漂流物の衝突力評価手法の適用性検証－研究報告：O15003

8) 国土交通省水管理・国土保全局，津波シミュレーションを踏まえた被害軽減方策〜海岸保全施設について〜

9) 松冨英夫：流木衝突力の実用的な評価式と変化特性；土木学会論文集，No.621，pp111〜127，1999

10) 池野正明・田中寛好：陸上遡上津波と漂流物の衝突力に関する実験的研究；海岸工学論文集，第50巻，pp.721〜725，2003

11) 水谷法美・高木祐介・白石和睦・宮島正悟・富田孝史：エプロン上のコンテナに作用する津波力と漂流衝突力に関する研究；海岸工学論文集，第52巻，pp.741〜745，2005

12) 廉 慶善・水谷法美・白石和睦・宇佐美敦浩・宮島正悟・富田孝史：陸上遡上津波によるコンテナの漂流挙動と漂流衝突力に関する研究；海岸工学論文集，第54巻，pp.851〜855，2007

13) 有川太郎・大坪大輔・中野史丈・下迫健一郎・石川信隆：遡上津波によるコンテナ漂流力に関する大規模実験；海岸工学論文集，第54巻，pp.846〜850，2007

14) 有川太郎・鷲崎誠：津波による漂流木のコンクリート壁面破壊に関する大規模実験；土木学会論文集 B2(海岸工学)，Vol.66，No.1，pp.781〜785，2010

15) FEMA：Guidelines for Design of Structures for Vertical Evacuation，FEMA P646，2012

16) 国土交通省港湾局：港湾の津波避難対策に関するガイドライン，2013

17) 小林正人，守屋有菜，藤森智：南海トラフ地震を想定した津波浸水予想地域内の免震建物調査，日本建築学会技術報告集，第22巻，第50号，pp.133-136,2016.2

18) 阪上雄斗，小林正人，藤森智：津波浸水予想地域における既存免震建物の構造安全性評価に関する研究，日本建築学会大会（東北），学術講演梗概集 2018

19) 内閣府：東北地方太平洋沖地震を教訓とした地震・津波対策に関する専門調査会：
http://www.bousai.go.jp/kaigirep/chousakai/tohokukyokun/index.html

20) 内閣府：津波避難ビル等を活用した津波防災対策の推進について（技術的助言）

免震建物における対津波構造設計マニュアル
―津波を受ける免震建物の構造設計に当っての基本事項と設計例―

一般社団法人日本免震構造協会編
発行年月　　　　　2020年2月
2刷　　　　　　　 2024年4月

印刷　（株）大應
101-0047 東京都千代田区内神田1-7-5
TEL 03-3292-1488, FAX 03-3292-1485

ISBN978-4-909458-09-4